SOBRE AMOR
Y SUFRIMIENTOS

SOBRE AMOR Y SUFRIMIENTOS

Realidades de la vida en pareja

Tiba Araujo, M.A.

Copyright © 2011 por Tiba Araujo, M.A.

Número de Control de la Biblioteca del Congreso: 2011930367
ISBN: Tapa Dura   978-1-4633-0327-3
        Tapa Blanda   978-1-4633-0328-0
        Libro Electrónico   978-1-4633-0329-7

Todos los derechos reservados. Ninguna parte de este libro puede ser reproducida o transmitida de cualquier forma o por cualquier medio, electrónico o mecánico, incluyendo fotocopia, grabación, o por cualquier sistema de almacenamiento y recuperación, sin permiso escrito del propietario del copyright.

Este Libro fue impreso en los Estados Unidos de América.

Para ordenar copias adicionales de este libro, contactar:
Palibrio
1-877-407-5847
www.Palibrio.com
ordenes@palibrio.com
351093

ÍNDICE

Agradecimientos 9
Carta a mi mejor amiga

Capitulo I 15
Sobre amor y sufrimiento

Capitulo II 27
Del amor apasionado al amor bonito

Capítulo III 54
El misterio de la atracción

Capítulo IV 70
Cuando es el momento de dejarlo ir . . .

Capítulo V 95
¿Cómo construir la felicidad entre dos?

DEDICATORIA

a ti Víctor, mi victoria de vida, porque sabía que existías, porque te esperé y llegaste para tomarme de la mano y mostrarme un nuevo camino . . .

a mi hija Thairi, un milagro en mi vida

A todos los que han sufrido por amor y siguen buscando una respuesta que alivie su dolor

AGRADECIMIENTOS

MI PRINCIPAL AGRADECIMIENTO a todos los que me han acompañado en este difícil pero hermoso camino del amor, quiero hoy regalarles el entusiasmo de continuar aún cuando la luz parezca lejana, la embriaguez de adoración y deseo por seguir amando, la esperanza del "sí se puede" cuando las lágrimas nublan la mirada, el adiós que nos quiebra en dos y que no podemos evitar, la ilusión de un nuevo amor que comienza con una mirada. Sigamos construyendo amores bonitos para hacer un mundo mejor.

Agradezco a mis padres y hermanos por su apoyo silente durante toda mi vida que me dieron las herramientas para hoy poder compartir con ustedes estas páginas.

A mi compis Alex, que con su sentido del humor, y vaivenes emocionales me hizo soñar.

Gracias a Euri, amiga incondicional, inspiración para este libro . . .

A todos los que no creyeron en mi, a los que intentaron bloquear mis caminos, gracias por impulsarme con más fuerza, gracias por permitirme crecer y continuar. Gracias por invitarme a mirar al cielo y soñar en grande.

Construir el amor es dibujarle con tus labios un "te amo" en la piel, es aprender a dar un paso atrás cuando la cercanía no sosiega, es fusionar los cuerpos cuando las ganas ya no esperan. Construir el amor es acomodarse a lo imperfecto y reírse de ello, es aceptar que miramos la luna de diferentes colores y que aún así la llamamos luna. Construir el amor es ir a la cama cada noche con un abrazo en el alma... Tiba Araujo

CARTA A MI MEJOR AMIGA

Querida y recordada amiga,

TE ESCRIBO ESTA carta porque no sé si algún día volveré a verte. Hoy quiero contarte cuánto he cambiado desde la última vez que nos vimos, aunque en el fondo sigo siendo la misma: soñadora, romántica e ingenua. Sé que recuerdas muy bien nuestro último encuentro, aunque quizá no tanto como yo que lo llevo sellado en mi memoria. Mis lágrimas humedecían tus cabellos como se humedece el alma con el dolor de una amiga. Fue como un pacto que unió nuestras vidas. Me acompañaste sin preguntar, sin juzgar. Mi cuerpo exhausto de dolor reposaba sobre tu regazo. Cada una de mis lágrimas reflejaba mis sueños rotos. Él se había ido, como tantas veces, pero esta vez, algo me decía que era para siempre. No había espacio en mi cuerpo para tanto dolor, ni tiempo posible que alcanzara para olvidarlo. Ahí estabas, tratando de darle aire a mi vida cuando ya yo ni siquiera quería respirar.

Él se había ido detrás de un amor, buscando nuevas ilusiones. Yo me había quedado con el alma reventada, no podía recoger mi alma, ni siquiera quería. Ese día, querida amiga, me dí cuenta que él no volvería. Un abismo se abría a mis pies, nada me sostenía, me sentí caer al vacío. No concebía mi vida sin él. Lo quería a mi lado, con desesperación . . . pero ya él no estaba . . .

¿Recuerdas cómo lo amaba querida amiga? Hice todo por retenerlo. ¿Cuántas veces le pedí que me amara? ¿Cuántas veces le supliqué que se quedara a mi lado? Me conformé con su escasa compañía. Le entregué todo lo que fui. Te confieso amiga, que hasta fingí para conseguir un poco de su afecto. Nunca pareció de verdad amarme. Era distante, evasivo, frío, la estrechez de su amor golpeaba mi sensatez.

Desde nuestro último encuentro han pasado largos años, amiga no sé cuántos, he perdido la cuenta. Me pregunto que ha sido de ti. Te confieso que para mi el camino ha sido duro, me he equivocado muchas veces pero he aprendido a levantarme aún de las caídas más dolorosas. Hoy te escribo porque no sé si volveré a verte y quiero contarte qué ha sido de mi vida. Quiero contarte que después de mucho andar y lamer, mis heridas ya por fin no duelen. Quiero decirte que he aprendido a amar diferente, quiero contarte que al fin puedo mirarme en el alma de mi amado, quiero contarte que aprendí a que me tomaran de la mano para ir de paseo. Que ya no tiemblo de miedo por la mentira de anoche. Quiero que sepas que ya no paso noches en vela esperando a que él regrese, porque él siempre duerme a mi lado . . .

Recordada amiga, hoy quiero compartir contigo que aprendí lo que es la comunión de dos cuerpos unidos en la entrega. Que hacer el amor es un regocijo de afecto y erotismo que nos entremezcla en un delirio amoroso interminable. Que somos dos seres comprometidos a amarnos en las dificultades y dispuestos a negociar aún cuando las ganas faltan.

No quiero mentirte querida amiga, no hay amores perfectos, tampoco lo es el nuestro. Lo perfecto está en ser imperfecto. Un amor perfecto sería un tedio. No huimos cuando los problemas acechan. Solucionamos los conflictos con respeto, gentiliza y sobre todo honestidad. Conocemos nuestras diferencias, las respetamos y hasta nos reímos de ellas, muchas veces. Sabemos que somos diferentes y nos respetamos tal cual somos.

El principio de nuestro amor fue duro, muy duro, amiga. Yo con mi historia, él con la suya, yo con mis heridas y mi amado con las suyas. Unimos nuestras vidas con la pasión riesgosa de un amor real y al mismo tiempo erótico. Fuimos amigos de largas conversaciones: poesía, filosofía, psicología, literatura. Creamos un erotismo intelectual que hasta hoy resguardamos como nuestro tesoro.

Él y yo no creemos en amores eternos, sólo construimos y disfrutamos del nuestro día a día. Si el amor acaricia nuestros corazones hasta el último de nuestros suspiros habremos sido felices, si no, simplemente lo lamentaremos.

Te escribo para contarte, recordada amiga, que hemos crecido como familia y hoy nuestra hija disfruta junto a nosotros de nuestra felicidad. Su sonrisa olor a caramelo es parte de nuestro cielo. Romeo y Julieta es su historia preferida y su voz de ángel al cantar la heredó de su padre.

La desesperanza es parte de mi pasado. ¿Recuerdas que muchas veces te dije, que en algún lugar del mundo habría alguien esperando por mí para amarme? No olvido tu sonrisa incrédula. No sé si él llegó en el momento perfecto, pero era ineludible hacerlo perfecto. No sé si fue amor a primera vista, pero quedó incrustado en mi piel, sin mi consentimiento. Hoy, cómodamente, permanece ahí.

Para despedirme, con la esperanza que esta carta llegue a tus manos, quiero decirte que hoy en lugar de lágrimas hay sonrisas, en lugar de sufrimiento hay un gran amor. Quiero que sepas que mi dolor y desconfianza se han convertido en libertad para amar. Soy libre de mis cadenas, de mis heridas, de mi pasado, de la agonía que viví a su lado. No lo odio, no puedo odiarlo. Me hice libre al perdonarlo.

Hoy día amo libremente, con un amor limpio, tranquilo, delicioso, sin máscaras ni mentiras. Amo con un amor iluminado por la luz del alma. Sé, amiga mía, que esta carta te hará muy feliz porque fuiste mi consuelo sin condición. Por si no te vuelvo a ver, no quería que te quedaras con ese recuerdo. Quería que supieras que es posible construir el amor más bonito. Que es posible reconstruir una vida casi desecha. Que se puede ser feliz aún cuando se ha sido tan infeliz. Si has probado lo amargo entonces sabrás valorar lo exquisito del dulce.

Me despido diciéndote que he elegido vivir en la sublimidad del amor y que cada mañana despierto en la calidez de sus brazos, con un amor radiante fuente de mi inspiración para esta carta que hoy te escribo.

Con todo mi afecto para siempre
Tu amiga de siempre.

CAPITULO I

SOBRE AMOR Y SUFRIMIENTOS

Amarte ha sido mi arma contra la tristeza, adorarte ha personificado mi rendición a tu amor, sentirte ha seducido mis noches oscuras, besarte ha sido el delirio de mi existencia. En el momento en que tomaste mi mano se restauró mi confianza en el amor y mi esperanza en la vida . . .

EL AMOR ES el mas hermoso y delicioso de los sentimientos. Sin embargo, es el afecto que provoca los más feroces e incontrolables actos en contra de la persona, supuestamente amada. Una entrega amorosa puede resultar divinamente apacible, y otra terriblemente violenta, ya que en nombre de ese amor pueden cometerse las acciones más atroces y sangrientas sobre la faz de la tierra.

En nombre del amor se maltrata, se abusa, aniquila, se ofende, y hasta asesina. Me he preguntado por mucho tiempo qué lleva al ser humano a exhibir tal variedad de conductas ante un mismo sentimiento.

Durante todos mis años como terapeuta son muchas las personas que han asistido a mi consulta tratando de conseguir respuestas sobre el amor y sus maltratadas relaciones de pareja. Con profundo dolor buscan respuestas sobre las crisis amorosas en la cual están sumergidos y de las que sienten que no pueden emerger sin ayuda.

Por nuestra parte, las mujeres—y también una buena proporción de los hombres—crecen con la concepción de un amor fantasía, que transciende lo terrenal, un amor pasional, romántico, que entrega la vida por el amado, el amor que todo lo puede, que todo lo supera, que todo lo perdona. Crecemos conviviendo con el amor de telenovelas donde el final feliz rebosa de pasiones y alegrías a todos los que lo merecen. Los que se aman superan todos los obstáculos gracias al amor invencible que los une. Los amantes perdonan todas las ofensas, infidelidades y falsedades basados en el amor que sienten. ¿Pero corresponde el amor de telenovelas a nuestra realidad de pareja? Apreciadas amigas y amigos, ¡las noticias no son muy alentadoras! Al enfrentarnos a la realidad cotidiana del amor, nos damos cuenta que esta concepción inflada del amor es sólo un ideal, una fantasía donde la felicidad reina día a día sin esfuerzo alguno. Si somos telenovelescos creeremos equivocadamente que el éxito de nuestra relación de pareja y nuestra felicidad estarán garantizadas sólo por el hecho de amar.

La realidad que vivimos diariamente es mucho más cruda. Las realidades del amor son dolorosamente diferentes. Cuando una relación recién se inicia, de manera temporal vivimos lo divino, pasional y romántico del amor. Sin embargo, muy pronto comenzamos a experimentar el derrumbamiento de la pasión que hasta ahora era el único pilar de la relación. En algunas parejas que deciden perpetuar su relación, el final de la etapa romántica posiblemente sea el inicio del camino hacia una relación más madura y estable. Este resultado siempre dependerá del manejo de conflictos de la pareja, además del compromiso emocional de amarse para siempre.

En mi trabajo como terapeuta de pareja he sido testigo de las más atroces consecuencias psicológicas causadas por equivocadas concepciones del amor. He visto mujeres y hombres hundirse y mantenerse en las más dolorosas de las relaciones, apegados a un amor insano, dependiente y compulsivo. Es el caso de una paciente que esta ocasión llamaré, Carolina, víctima de una relación deshonesta, en la cual su esposo le había sido infiel repetidamente. Era una mujer atractiva y dulce. Carolina se había encargado de construir una vida sometida en todos sus ámbitos: como madre de 3 niños, dependía económicamente de su esposo. Carolina sabía de cada una de las infidelidades de su esposo, lo cual causaba estragos emocionales en ella. Deprimida, presentaba ideas suicidas, llegó a reportar en terapia algunos incidentes de violencia doméstica en presencia de sus hijos. Su esposo, José, controlador, manipulador, la amenazaba con arrebatarle los hijos si ella lo abandonaba.

¿Es ésta una relación de amor sana que deberíamos promover como el amor que todo lo puede? ¿Es éste un amor que debería ser perpetuado en nombre del supuesto amor que existe entre la pareja? La respuesta es más que obvia.

¿Son todas malas noticias? Definitivamente no. Me considero una optimista de la vida en pareja y una promotora de vivir el amor a plenitud. Creo en un amor construido entre dos, creo en la voluntad de permanecer en la pareja, pero no a la fuerza. Creo en un amor libre, construido con la madurez de la interacción sana, creo en un amor que se crece con las dificultades, creo en el amor que se fortalece con los desacuerdos conversados. El amor se construye en libertad, en el compromiso de quedarse para seguirse amando. El amor no es estático, está en movimiento. Va cambiando de un amor pasional, turbulento, irracional, a un amor maduro, quieto, estable, pleno, divino. A este amor construido con una dosis de romanticismo y realidad por parte de ambos miembros de la pareja y que crece a través del tiempo, lo llamo **Amor Bonito**.

Soy definitivamente una creyente de la convivencia en pareja, del amor que se construye con el intercambio de dos vidas, dos realidades dispuestas a negociar, a permanecer juntos y a disfrutar de la compañía del otro. El amor es una experiencia dinámica, no es un sentimiento estático, rígido. Es una realidad vívida cambiante, divina, que se transforma con el tiempo y que los amantes van moldeando como un artista a su obra de arte. Existe un compromiso emocional de amarse y de estar juntos para apoyarse mutuamente en los vaivenes de la vida. Hablaré en este libro indistintamente del amor que se construye entre parejas del mismo sexo como del que se construye entre parejas de diferente sexo. No es mi intención aquí diferenciar el amor vivido en estos dos tipos de relaciones de pareja.

En una ocasión, le pregunté a mi esposo que características de mí lo habían hecho permanecer por años a mi lado. Después de un corto silencio con un rostro dulce y amoroso contestó: "tu persistencia". Confieso mi sorpresa ante su respuesta. Sin embargo, pude entender cómo desde la perspectiva de un hombre, él estaba expresando su aprecio por mi indudable compromiso emocional, y el amor que mi persistencia reflejaba.

No pretendo, de ninguna manera, afirmar con esto que el amor es inmortal. Mucho menos que debemos permanecer en una relación que nos hace daño y que nos hace infelices. No hay nada mas demoledor que intentar permanecer en una relación donde ya el amor se ha esfumado o donde el amor se ha convertido en un sentimiento compulsivo, controlador y abusivo. Si ese es tu caso, ¡da un paso hacia tu liberación! ¡Comienza a caminar hacia tu felicidad!

Me refiero aquí al compromiso de permanecer al lado de la persona amada, de aquel que te respeta, que te admira y protege. En el amor bonito el compromiso es permanecer juntos aún en los conflictos y aprender a salir de ellos airosos. El amor bonito vive la realidad, enfrenta las dificultades de la vida diaria y aprende a manejarlas. Los miembros de la pareja por lo general no tienen falsas expectativas, no esperan que sus amantes se comporten como príncipes y princesas de cuentos de hadas. Tampoco viven de un romanticismo cursi imposible de mantener en el diario convivir.

En el amor bonito los amantes negocian, practican estrategias, aprenden de los errores, disfrutan de los éxitos y se levantan de las caídas. El amor bonito es divertido, disfruta del buen humor, no hay temor a la crítica y al cuestionamiento, la aceptación es pieza clave de la convivencia de los amantes. Como lo explica Valerio Albiseti, el amor es fuerte no porque nos hace soñar sino porque es capaz de enfrentar la realidad de las dificultades, los problemas, los fracasos, en pocas palabras, es capaz de experimentar y de crecer.

Es trabajo de la pareja hacer de este amor una aventura excitante, motivante. No por ser un sentimiento estable y seguro, necesariamente se convertirá en una relación aburrida y sin sabor. Será toda una aventura, especialmente para el hombre, quien está continuamente tentado a la poligamia y la promiscuidad.

Construir un amor bonito es un trabajo arduo, diario, intenso, pero sin duda alguna bien vale la pena.

En el amor bonito la sexualidad se combina armoniosamente con el afecto dando como resultado una entrega absoluta en la cama. No se hace sexo, se hace el amor. El acto sexual se caracteriza por largos encuentros amorosos donde cuerpos, emociones y almas se regocijan en un dulce y pasional momento en el que se conjugan dos milagros humanos: el sexo y el amor. A diferencia de una relación en la etapa de la luna de miel, de la cual hablaré más adelante, en la que la mayoría se concentra en la satisfacción de los cuerpos y el alcance del orgasmo, en el amor bonito la entrega va más allá de los cuerpos físicos. El amor bonito disfruta de la sexualidad y el orgasmo en su momento justo, como parte de un acto amoroso, afectivo, colmado de caricias, besos y entrega. El sexo y el amor van de la mano, son inseparables.

¿Y es que no nos hemos quejado alguna vez de ese sexo frío, distante, orgásmico pero carente de afecto y sin entrega? Todas, esencialmente las mujeres, alguna vez hemos vivido la experiencia del sexo sin amor, del silencio y el vacío después de la satisfacción física. Quizá la magnitud de ese vacío no lo captas en toda su esencia hasta que comienzas a vivir un amor bonito, donde experimentas esa mezcla divina de la sexualidad y el encanto del amor.

Luna de Miel. Etapa Inicial del Amor

La pregunta sobreviene entonces, ¿Cómo se inicia todo esto que llamamos Amor? Se inicia con el enamoramiento, con la atracción inicial, la cual denomino etapa de luna de miel. Es un periodo de deslumbramiento afectivo, sensual y romántico en el cual los enamorados experimentan altas dosis de fantasía e ilusión. Es una etapa necesaria, indispensable, pero típicamente pasajera. Durante este tiempo de deslumbramiento los amantes no son capaces de percibir los defectos del otro, piensan que su amor todo lo puede y todo lo superará. La pareja se ama irracionalmente, con una baja dosis de realidad. La satisfacción sexual y la sensualidad juegan un papel primordial en la relación. El mundo alrededor de la pareja es secundario, las normas sociales son violadas, frecuentemente en nombre del amor.

Esta luna de miel emocional, como todo periodo excesivamente intenso es desgastante y llega a su fin prontamente. Ninguna pareja puede permanecer en la luna de miel por el resto de sus vidas porque sucumbiría a la realidad más tarde o más temprano. La luna de miel, por hermosa que sea, es una fantasía, carece del impacto de la convivencia diaria.

Recuerdo la primera vez que conocí una verdadera historia de amor. Tenía yo alrededor de 10 años de edad cuando presencié el romance más intenso y hermoso que jamás haya visto. Una amiga de mi familia llegó a vivir a mi casa, pues su familia se oponía a su relación de pareja, la cual ya había iniciado desde hacía algunos meses. La mejor manera de separarla de su adorado novio era enviarla lejos de él. Durante su estancia en mi casa, presencié los más lindos esfuerzos por mantener una relación a la que todos se oponían. Fui testigo de un amor que luchó contra todos los obstáculos. Vi nacer su primer hijo, el cual iluminó aún más la relación. Fui testigo de un amor inmenso y los vi luchar en contra de todos por el amor que para el momento los unía. Finalmente, lograron conformar un hogar juntos. La familia terminó aceptando la relación tan cuestionada. Con el transcurrir de algunos años ya la hermosa relación de la cual fui testigo se había convertido en un amor asfixiante e intolerable. Después de violencia física, infidelidad e irrespeto procedió la separación y el divorcio. Toda la dulzura, pasión y delirio de los inicios de la relación se convirtieron en desilusión, desesperanza y frustración.

¿Será que la pareja permaneció en la etapa de la luna de miel y no pudo transcender a un amor maduro y bonito? ¿Será que se mantuvo en un amor turbulento, egoísta y no pudo transcender a una etapa más funcional?

Sin duda alguna, fui testigo de la idealización del amor romántico en la etapa del idilio y el derrumbamiento de éste años después. Cómo me hubiera gustado quedarme con la imagen romántica, idealista de aquellos dos enamorados idolatrándose y añorándose con desesperación con la sola intención de amarse. Desgraciadamente, si el amor no transciende de la luna de miel al amor bonito, muchas parejas, como ésta, sucumben ante la desafortunada realidad cotidiana repleta de conflictos.

Estimo oportuno mencionar una historia que ha apasionado por años a románticos, dramaturgos y cineastas, incluyendo a mi hija de 9 años. Me refiero al clásico de Romeo y Julieta que por su contenido romántico y trágico final se ha quedado prendado del corazón de la humanidad. Esta historia, sin negar su valor literario, ha vendido por siglos la idea de un amor idealmente romántico, inmortal, invencible, lo cual definitivamente no coincide con la tosca realidad de la vida en pareja.

Muchas veces me he preguntado, ¿qué hubiera pasado si el amor de Romeo y Julieta no hubiera finalizado en tragedia? ¿Cómo habrían enfrentado Romeo y Julieta el tedio, el aburrimiento, los conflictos y el final del romanticismo? ¿Habría su amor soportado el fin del romanticismo, cuando para ellos era la esencia de su amor? Tú mismo puedes darte algunas respuestas.

El amor como una fantasía

Es curioso ver a lo largo de los años cómo mujeres y hombres cuentan sus historias de familias y parejas con los mismos elementos y personajes de las historias románticas que han sido transmitidas de generación en generación. Así tendemos a representar en nuestras historias de vida los relatos románticos llenos de fantasías que hemos escuchado a través de los años, como lo son los cuentos de hadas y las telenovelas. Estos relatos, por lo general, no son funcionales cuando los aplicamos a nuestras vidas.

Muchas veces en consulta escuché decir a mis pacientes: "Es que no he conseguido mi príncipe azul" o "Es que yo pensaba que él era el hombre de mis sueños". Recuerdo a Vivian, una paciente que afirmaba, luego de ser abandonada por su novio, quien le había sido infiel por muchos años: "Yo sé que algún día se dará cuenta que nadie lo amará como yo y en ese momento volverá". Durante su proceso terapéutico afloró la influencia de las fantasías en su historia personal y cuán determinantes habían sido éstas en su vida. Vivían logró ver cómo narraba su historia personal como un guión de telenovela. Asumía, mayoritariamente, el rol de víctima, lo que la identificaba con el papel de la sufrida protagonista en la telenovela. Hasta llegar a la conclusión de que la vida está muy lejos de ser una ficción. Vivian comenzó a hacer cambios graduales para abordar sus relaciones de pareja más realísticamente.

¿Cuantas niñas crecen con el estereotipo (sin dejar de mencionar a los niños, con los suyos) de la princesa rescatada por el príncipe azul en lo alto de la torre o en el bosque encantado? Su rol como princesa es siempre pasivo. La princesa está a la espera de su príncipe azul quien lucha por rescatarla montado en un caballo. Ambos así logran vivir felices para siempre. Por fortuna, han surgido recientemente algunas historias de hadas donde el rol de la princesa es mucho más activo y donde la belleza pasa a jugar un rol secundario, por ejemplo la historia de Shrek, el ogro, le ha dado un rol diferente a la mujer y a su belleza, sin embargo, creo que todavía hay un largo camino por recorrer para desmitificar al amor romántico.

Como bien lo expresa Walter Riso, las relaciones de pareja que se construyen con bajas dosis de realismo no tienen un buen pronóstico.

Te preguntarás entonces, ¿Qué hace que algunas parejas no trasciendan de la luna de miel emocional al amor bonito? ¿Qué los hace permanecer en la etapa irrealista de excitación, idealización y conflicto? ¿Estás tú en una relación que ha permanecido estancada en un amor conflictivo y no ha podido trascender al amor bonito?

Son muchas las preguntas y posiblemente pocas las respuestas hasta ahora. Acompáñame y emprenderemos un viaje a un mundo de respuestas que te asombrarán. No sólo desplegaré diferentes escenarios desde mi experiencia como mujer, pareja y amante, sino que podrás explorar casos terapéuticos de la vida real, los cuales han sido sacados de mi experiencia profesional en Venezuela y los Estados Unidos.

Las parejas son como los platos exquisitos de comida: cada uno tiene su toque personal, nunca hay una igual a la otra. A pesar de que me cautivan las recetas para cocinar, pues me sirven como guía, confieso que termino violando bien sea el orden de los pasos a seguir o el tipo de ingredientes, ya que disfruto dándole a mis comidas mi propio dulcito personal. Ese dulcito que estoy segura nadie puede imitar. Por eso me opongo rotundamente a las recetas para resolver conflictos de pareja. Si bien son una guía para marcar un posible camino, he encontrado que el mundo conyugal es tan complejo que la receta podría llevarte fácilmente al camino equivocado si no se conocen las profundidades de las enmarañadas interacciones de los amantes. Por eso abro aquí diferentes escenarios y posibilidades para salir del estancamiento y comenzar a construir un amor bonito.

¿Por qué repetimos el sufrimiento?

¿Por qué nuestra vida parece ser un ciclo que se repite una y otra vez sin detenerse, aunque nos haga sufrir? Es la pregunta que muchos nos hacemos. Mi consulta está abarrotada de mujeres que asisten a terapia para resolver el conflicto de conseguir sólo parejas casadas o que las abusan tanto física como emocionalmente. Recuerdo a Ana una paciente de 35 años, profesional, exitosa pero agotada por las cuatro consecutivas relaciones de parejas que había tenido en los últimos 10 años. Las cuatro parejas habían tenido un factor común: eran casados o comprometidos. Ninguno de ellos ni siquiera había intentado consolidar una relación con Ana. Ella había sido la amante de cuatro hombres casados y había acumulado un brutal sufrimiento. Su autoestima había sufrido fuertes estragos. Ya comenzaba a tener síntomas de depresión y reportaba deseos de no seguir viviendo. Vino a consulta porque deseaba que esta cuarta relación efectivamente funcionara, a diferencia de las demás. Lamentablemente, para el momento de la consulta, no había observado ninguna señal de estabilización de esta nueva relación.

Historias de amor, sufrimiento y repetición como éstas son las que me han estimulado por años a estudiar cómo un sentimiento tan sublime como el amor lo hemos convertido en lo más insano y vergonzoso de la humanidad.

Tendemos a contar nuestra historia personal de la misma manera una y otra vez. En la medida en que la contamos, la hacemos realidad, la vivimos. Es el poder del lenguaje en la vida emocional. Quizá de la misma manera que escuchamos a nuestros padres contar sus historias, contamos las nuestras sin darnos cuenta de que estamos narrando las de ellos, repitiendo así lo que nos ha hecho sufrir. Quiero compartir con ustedes la historia de Fátima quien llega a mi consulta con síntomas claros de un cuadro depresivo. Durante alguna de las sesiones Fátima narró cómo su madre había sido abusada por su padre por muchos años. Fátima recordaba que su padre nunca había amado a su madre. Aunque Fátima juró no repetir esa misma historia, ahora se encontraba no sólo viviendo un calvario, sino que se había involucrado en tres relaciones donde se había sentido abusada emocionalmente. ¿Cómo entonces narrar su historia de manera diferente? ¿Cómo romper el ciclo repetido tanta veces?

He aquí una de las respuestas más difíciles de conseguir, ¿cómo colocar el pie fuera del círculo y dar el salto de liberación?

El salto de liberación se produce cuando rompemos el ciclo que se ha repetido una y otra vez y que nos ha causado dolor y sufrimiento. Esta liberación implica re-narrar la historia de nuestras vidas de manera diferente a como hasta ahora la habíamos contado. Es darnos cuenta de los elementos de sufrimiento se han repetido a lo largo de las historias de nuestra cultura y familia y siguen repitiéndose en la nuestra. Es contar historias familiares para explorar cuáles elementos nos siguen haciendo daño, ya que ahora forman parte de nuestro propio relato.

Recientemente, durante una intensa sesión de terapia, María, una paciente de 35 años, residenciada en la ciudad de Nueva York, a quien le había sido amputada una pierna a sus 15 años, expresaba profundo dolor al relatar sus repetidos fracasos de pareja. Era una mujer con un lindo rostro, rubia, ojos de un azul profundo y una dulce expresión en el rostro. Sin embargo, arrastraba una tristeza escondida que emergía al momento en que relataba sus fracasos de pareja y los enlazaba con su pierna inexistente. Luego de 20 años, María no había sido capaz de aceptar su muñón como parte natural de su cuerpo. Al describirlo, se asomaba una actitud de rechazo usando las siguientes palabras para calificarlo: "feo, oscuro, indeseable". Sus relaciones de pareja eran iniciadas y construidas para el fracaso. María comenzaba sus relaciones desde una posición de minusvalía y sumisión, lo cual no permitía a sus relaciones consolidarse y establecerse sanamente.

Al explorar con María su profunda dificultad para aceptar su condición de discapacitada, comenzó a narrar como su madre había idealizado la belleza física. María había crecido en un ambiente familiar donde las conversaciones giraban en torno a quién era la más bella de la familia, quién había procreado los hijos más bellos, o quién tenía los ojos más azules. María pertenecía a una familia donde se rendía culto a la belleza y se buscaba la "perfección física". En ese momento de su vida, ella continuaba repitiendo la misma historia y seguía valorando el atractivo como principal cualidad en un ser humano, a pesar de que provocaba en ella un gran dolor, ya que consideraba que su cuerpo carecía se dicha belleza.

Es en estos casos cuando romper el ciclo permitiría a la persona darle un giro a su vida. María tendría entonces la posibilidad de trasladar la belleza física a posiciones secundarias en la jerarquía de valores. Además, con la aceptación de su muñón como parte natural de su cuerpo, una autoestima alta y una posición personal optimista, estoy segura que su funcionamiento en las parejas cambiaría positivamente. Sería capaz de conectarse afectivamente con hombres que la aprecien como discapacitada y que fueran capaces de amarla tal cual ella es.

¿Amar sufriendo?

No me considero la excepción de las mujeres que han sufrido ardientemente por un amor enmarañado, confuso, complicado, anclado en el irrespeto, la no aceptación y la deslealtad. Soy el testimonio de una mujer que por años luchó por salvar un amor insalvable y que descubrió el momento doloroso de dejar ir ese amor para dar el salto liberador que me dio la posibilidad de aceptarme y alimentar mi paz interior. Las heridas del maltrato emocional fueron profundas, me impedían respirar, el dolor del recuerdo me asfixiaba. Amar sufriendo había sido mi vida por años.

Ese era el momento de cambiar mi historia, y así fue. Llegó a mi vida quien hasta hoy comparte mis días. Juntos nos sanamos las heridas. Comencé a adorarlo desde que me acompañó en la reconstrucción de la confianza en el amor y la esperanza por la vida. Confiar en él fue mi escudo contra la tristeza. Confiar en él ha significado rendirme al amor. Confiar en él me permite amarlo sin pausas ni temor. Por eso, la verdad de mis verdades comenzó la noche que él comenzó a formar parte de mis sueños y el día que inventó mi existencia. ¡En estas páginas quiero compartir contigo nuestra experiencia, nuestro amor realista, imperfecto, bonito!

Por otra parte, algunos terapeutas han hablado de la adicción al sufrimiento como un proceso también repetitivo que nos lleva a mantener relaciones insanas. En estas relaciones nos mostramos dependientes, sumisos, inseguros. La dependencia nos hace adictos a nuestra pareja, al amor. Bajo la excusa de un amor romántico e idealizado, perdemos la identidad personal y nos convertimos en un anexo de la persona amada. No pensamos, ni actuamos de forma independiente, sino en función de complacer a nuestras parejas. "No puedo vivir sin él", "la necesito más que nunca" y "no quiero vivir si él me falta" son algunas de las expresiones más escuchadas en personas viviendo un amor adictivo. Como lo describe Walter Riso, el apego o conducta adictiva en la pareja enferma castra, incapacita, elimina criterios, degrada y somete al miembro de la pareja que depende. También deprime, asusta, agota y acaba con todo residuo humano disponible.

Es común que durante la etapa de luna de miel emocional, los miembros de la pareja concentren toda su energía en el amor que sienten por el otro. Generalmente, despliegan un amor romántico, pasional, intenso que de alguna forma es similar a la adicción, sólo por el esmero de complacer al amado. Afortunadamente, esta etapa, de forma natural, trasciende rápidamente para convertirse en un amor más maduro, al que yo denomino amor bonito.

¿Qué pasa con las parejas que se estancan en la etapa inicial y no trascienden a un amor maduro? En estas parejas podría comenzar a gestarse un amor adictivo, lleno de conflictos sin resolver. Los amantes se hieren y sufren sin límite. El respeto por el otro no tiene cabida. Para la persona dependiente el rompimiento no es viable, desea mantenerse en la relación a toda costa. Quien depende siente que sin su amante le es imposible sobrevivir. "No puedo dejarlo aunque me hace sufrir", "Quiero seguir luchando aunque sé que no me quiere", son expresiones típicas en personas dependientes. El sufrimiento se incrementa pero la adicción a la relación es tal que la persona lucha por conseguir un amor que obviamente ya está perdido o nunca existió. Las personas que aman y sufren tienden a minimizar los defectos de la pareja para hacer más ligera la relación y disminuir las posibilidades de ruptura. "El no es tan malo", "Los hay peores", "todavía me hace el amor": el mecanismo de autoengaño se activa y se produce un ocultamiento de la realidad que produciría el rompimiento de la relación.

La transformación del amor apasionado al amor bonito es uno de los procesos más fascinantes del ser humano. Requiere tiempo, compromiso emocional y respeto. Me dedicaré a profundizar en los detalles de la transformación del amor en el próximo capítulo.

CAPITULO II

DEL AMOR APASIONADO AL AMOR BONITO

Amamos bonito cuando al desnudar nuestros cuerpos también desnudamos nuestras almas, cuando confiamos los más íntimos secretos, cuando otorgamos las más intensas caricias, cuando soñamos con las más dulces maravillas, pero también cuando vivimos las realidades más tormentosas y tomamos las decisiones más penosas... Aún así decidimos seguir amando... mientras vivamos.

EL AMOR APASIONADO es aquel que despierta las mariposas en el estómago y las mantiene revoloteando en la presencia del ser amado. Es aquel que se entrega desenfrenadamente y espera recibir lo mismo. Sin embargo, también es un amor que se caracteriza por su fragilidad y fugacidad. Todo enamorado desearía que este amor durara para siempre, pero la realidad nos golpea con sus actos. Si este amor permanece en el tiempo, se convierte en un amor disfuncional, controlador, paranoico, crítico. Este tipo de amor agota. Se hace insostenible. Así como nuestros cuerpos crecen y evolucionan también nuestras emociones cambian dramáticamente y afectan nuestra manera de abordar las relaciones de pareja a lo largo del tiempo.

El amor apasionado, por delicioso y divino, debe ser disfrutado en su máxima intensidad para enamorar a la pareja, galantear, poseer y entrar en un mundo pasional en el que coexisten dos seres que se están apenas conociendo. Este amor es idealista pues no es capaz de ver la realidad en su pleno esplendor. Es ciego. No es capaz de ver los errores y defectos del amado. Todo lo disculpa sin resquemores. Toda pareja necesita de la pasión y la excitación emocional para que los mantenga unidos mientras superan los momentos difíciles que atraviesa cualquier pareja al conocerse.

En esta etapa las fantasías están a la orden del día. Fantaseamos las más hermosas escenas de amor y nuestras emociones gratifican profundamente lo que nos imaginamos compartiendo. Como hermosamente lo expresa Octavio Paz en su libro *La Llama Doble*: "El verdadero amor consiste precisamente en la transformación del apetito de posesión en entrega."

El amor apasionado podría comenzar a trascender de lo más tumultuoso a un estado realista en el que los miembros de la pareja se redescubren en la cotidianidad y aprenden a entregarse a plenitud con sus defectos, aprenden a equivocarse y a rectificar sin que esto conlleve el final de la relación. Este amor bonito no es perfecto, se crece en la aceptación del otro tal cual es. Este es un amor que se transforma día a día porque crece con la pareja, disfruta de la pasión y sabe enfrentar conflictos. Kundera, en su libro *La Insoportable Levedad del Ser* lo refleja cuando dice que el amor no se manifiesta en el deseo de acostarse con alguien, sino en el deseo de dormir junto a alguien.

El compromiso de amar y permanecer con la pareja se convierte en uno de los pilares de la relación. En momentos de crisis, al menos uno de los miembros de la pareja mantiene la calma tratando de devolver el equilibrio a la relación y de buscar soluciones a corto y largo plazo.

Una experiencia que enriqueció mi vida de pareja fue haber atravesado una seria crisis económica. Mi esposo se tornó distante y escéptico. Lucía molesto e irritado la mayoría del tiempo. A pesar de que su actitud afectaba mi estado de ánimo, yo cada mañana practicaba la tarea de imaginarme en sus zapatos y estar en su situación. Eso me permitía manejar mis emociones de malestar y me hacía sentir empatía en lugar de ira. Las únicas palabras que salían de mi eran: "te amo, todo va a salir bien". Les confieso, que por un tiempo nada pareció cambiar con mis palabras. Hoy día, su agradecimiento es profundo, agradece mi capacidad de apoyo y de compromiso emocional. Juntos indagamos soluciones y caminamos tomados de la mano hacia la salida del túnel.

El amor bonito es el añorado por aquellos que experimentan amores apasionados en serie ya que éstos terminan agotándolos. El amor bonito transciende y se convierte en un riachuelo de sentimientos tranquilos, estables, amables, aunque no necesariamente ausentes de pasión y romance. En el amor bonito los amantes miran realísticamente su relación en el mundo y el romanticismo no les venda los ojos.

El amor bonito se disfruta en la relación porque los miembros de la pareja tienen una historia en común. Sólo bastan miradas y gestos para entenderse. El humor es usado para animar las interacciones diarias y la pareja disfruta de los recuerdos comunes en el presente compartido.

A través de los años los amantes se amoldan el uno al otro, los conflictos son cada vez mejor manejados, callan cuando el silencio es la mejor alternativa y negocian cuando la decisión tiene que ser tomada. Los hijos son parte importante de la familia mas no invaden la privacidad de la pareja. Aprenden que la disciplina de los hijos es un acuerdo entre dos, por muy difícil que sea. Están dispuestos a aprender y a desaprender. Ambos miembros de la pareja se vuelven más flexibles para ajustarse el uno al otro y para adaptarse a los constantes cambios de la vida en pareja.

Vivir el amor bonito es ser flexible como el ave en el viento, es moldear el amor como el que talla su más hermosa obra de arte, es aprender a tomar nuevos senderos cuando los viejos no llevan a la orilla del camino. Es saber que no hay vencedores ni perdedores cuando nos tomamos de la mano.

Para el momento en que el amor transciende y la pasión desenfrenada deja de ser el eje de la relación, surge un amor más calmado. La compañía del amado se convierte en el alimento del alma. Los momentos compartidos, mezclados con la entrega sexual, son los sostenedores de la pareja. Ser compañeros de vida hace que la relación pase de una frágil flor que tiende a marchitarse con el tiempo a un árbol robusto que se hace más fuerte y florece con los años.

Leo Buscaglia hermosamente describe esta relación de amor como aquella en la cual el amante es libre de ser él mismo: "Una relación amorosa es aquella en la que el amado es libre para ser él mismo, para reírse conmigo, pero nunca de mí, para llorar conmigo, pero nunca por mi, para amar la vida, para amarse a si mismo, para amar al ser amado"

El tiempo le gana la batalla al amor apasionado más no al amor bonito. Por el contrario, el amor bonito se enriquece con el contacto, con el pasar del tiempo. Sin embargo, aunque éste tiende a fortalecerse con la interacción diaria, podrían levantarse algunos obstáculos en el camino, de los cuales hablaré en otro capítulo. Para estos errores debemos ester preparados con el fin de no dejar morir nuestro amor.

Amarse bonito es deleitarse con la presencia del otro. Es disfrutar del encanto de su compañía, es la magia de absorber su cuerpo para seguir amando su alma. Es amarse con todos los sentidos sin mirar la belleza de su cuerpo, es deleitarse con su aroma hasta alcanzar el éxtasis en su pecho. Amarse bonito y construir un cielo va más allá de la figura de un torso, es el regocijo de envejecer juntos para compartir hasta el último suspiro de felicidad.

A continuación describo lo que a mi parecer son los pilares fundamentales del amor bonito:

Me comprometo

Enamorarse de alguien por quien sientes profunda atracción física y loca pasión no parece ser difícil. No diría lo mismo cuando nos comprometemos emocionalmente con nuestra pareja en el transcurrir del tiempo, siendo que la atracción física y el deseo ya no ocupan el primer lugar. Igualmente, el compromiso es necesario cuando nos enfrentamos a la imperfección de quien amamos y al desafío que implica la interacción diaria en la vida en pareja.

Muchos sabemos los retos que conlleva la convivencia con alguien que indudablemente es diferente a nosotros y que por seguro va a irritarnos y sacarnos de nuestras casillas.

Todavía lucho con un gran secreto matrimonial nunca develado. Un incidente tiene lugar en el baño, cada mañana, mi querido esposo hace su entrada triunfal al baño minutos después de despertarse, tras él la puerta se cierra para guardar el más intrigante de los secretos. Les aseguro que he implementado toda estrategia de espionaje posible durante 13 años para develar qué acción corporal es capaz de disparar agua en todas las direcciones con tal fuerza que el agua alcanza los más impensables rincones: lavamanos, espejo, suelo, pared, cortinas, toallas, gabinetes . . . para minutos después verlo salir de lo más rejuvenecido como si nada hubiera ocurrido. Luego es mi turno, cuando el sueño todavía controla mis párpados, con ojos entreabiertos, con ropa de ejecutiva medio puesta, me recuesto inocentemente en el lavamanos . . . !! y un grito de terror sale de mi garganta: Viiiiiiiictor!!!! Al darme cuenta que mi vestimenta ha sido empapada con agua que ni siquiera sé de dónde proviene. ¿Cuántas veces me he cambiando en las mañanas porque mi traje ha sido arruinado? He perdido la cuenta. ¿Aspiro a que cambie después de 13 años de mi grito de terror matutino? Realmente no, sería mucho pedirle. He aprendido a amarle con un lavamanos salpicado a cuestas. Así lo he decidido.

Es la decisión de permanecer, un compromiso de quedarnos, negociar, luchar para hacer del amor algo hermoso y duradero, mientras funcione.

Para cultivar un amor bonito se requiere más que romanticismo, se necesita valentía, compromiso y paciencia. Cultivemos las fortalezas de nuestro amor y aprendamos a crecer en ellas: sea nuestra fe en un ser supremo, o el compromiso de continuar amándonos, o nuestra profunda aceptación, o el regocijo de estar juntos o las ganas de luchar o cualquier cosa que nos hace amarnos con suavidad y locura la mismo tiempo.

Te acepto y te asumo

El amor romántico y pasional es irrealista, ignorante y peligroso porque no acepta imperfecciones y no se enamora de un ser verdadero si no de una fantasía. Una buena dosis de realidad es necesaria para equivocarnos juntos y volver a empezar.

Aceptación es amarse en la imperfección, aceptarnos tal cual somos. La aceptación favorece la autoestima de la pareja porque los amantes se aprecian tal cual ellos son. No hay miedo a revelarse, a ser auténtico, se es libre.

Las muy conocidas diferencias entre hombre y mujer hacen necesaria la aceptación para hacer posible la convivencia. Mientras nosotras queremos hablar, ellos prefieren el silencio. Mientras nosotras buscamos el encuentro, ellos prefieren su espacio. Mientras nosotras evaluamos todos los aspectos de una situación, ellos quieren ir al punto. Nosotras no olvidamos detalles del pasado, mientras que para ellos parece que el pasado nunca existió. Nosotras podemos hacer 6 tareas al mismo tiempo, ellos invierten 6 horas efectuando la misma. Amar bonito es crecerse en las diferencias.

En el amor bonito la aceptación es parte de la vida diaria. A pesar de que el tiempo ya ha pasado la pareja, está abierta a amarse y a recibirse con sus defectos. El respeto por las diferencias abre los canales de comunicación. Los miembros de la pareja no tienen que ser semejantes, ni trabajar en la misma área, ni tener la misma profesión, ni pertenecer al mismo nivel socio-económico, ni siquiera hablar el mismo idioma, deben sin embargo aceptarse y amarse en su completitud.

En algunas ocasiones se nos dificulta aceptar características de nuestra pareja porque van en contra de nuestros valores, cultura o personalidad. Si es este el caso, identificar el problema desde el inicio de la relación sería lo más inteligente para explorar si la convivencia sería posible. La mayoría de las ocasiones, cuando la etapa de la luna de miel emocional finaliza, ya no estamos dispuestos a tolerar esa característica que no encaja en nuestras vidas. La relación se enmaraña y se hace entonces disfuncional.

Muchas veces vemos como el hombre o la mujer solicita que sea aceptado de común acuerdo un hecho que va en contra de la estabilidad de la relación, lo cual crea gran confusión en la relación.

Un caso que observo con frecuencia en sesiones terapéuticas es la propuesta masculina de que sea aceptada su amorío extramarital. Su solicitud se basa en que la poligamia es parte de su personalidad o de la cultura, por tal razón no está dispuesto a negociarlo. Increíblemente, las mujeres permanecen en la relación aún mucho tiempo después de esta propuesta. Posiblemente a regañadientes pero tragándose con pataletas la conducta infiel de su pareja. Quiero aclarar que este no es al proceso de aceptación al que me refiero. Si se aguanta con dolor y sufrimiento, no se acepta con amor. No hablo aquí de aceptar lo que va en contra de nuestra estima y valores fundamentales. Si la aceptación violenta lo más íntimo de tu ser entonces te invito a re-evaluar tu relación.

Recuerdo que en mis esfuerzos por salvar mi primer matrimonio, en una ocasión con gran desesperación le pregunté a mi pareja, ¿Que más quieres que haga? él se tomó unos segundos, me miró a los ojos y me dijo, "Que no seas tú", desde ese momento supe que la relación tarde o temprano terminaría.

El amor bonito no es perfecto

Romantizar las relaciones de pareja nos lleva idealizar la interacción y a exigir un orden que no existe. En aras de repetir las historias perfectas y románticas de enamorados transmitidas de generación en generación, donde la mujer cumple un rol femenino perfectamente definido y el hombre un rol protector y salvador insustituible, le exigimos a nuestro amor una perfección imposible de alcanzar. Entramos en una constante búsqueda de justicia para alcanzar un final feliz que nunca llega. Tal como lo vemos en los cuentos de hadas y las telenovelas.

Como lo describe Octavio Paz, el amor no nos preserva de los riesgos y desgracias de la existencia, ningún amor, aún el más apacible y feliz, escapa de los desastres y desventuras del tiempo.

El amor en la realidad no tiene sentido, si le buscamos un sentido que encaje perfectamente con nuestros esquemas y expectativas. Su orden no es rígido, es dinámico. En otras palabras, hoy cumplimos un rol, mañana pudiéramos cumplir otro totalmente diferente. Las expectativas que teníamos, posiblemente no se vean cubiertas por completo, sin embargo, otras que nunca esperábamos podrían alcanzarse totalmente, haciéndonos sentir aún más satisfechos.

En la imperfección y en la capacidad de la pareja para solventar los conflictos está la armonía y madurez del amor adulto, no en la ausencia de conflictos.

Personalmente, decidí amar sin tratar de entender ya que el amor carece de sentido, organización, orden particular y va más allá de los límites de nuestra comprensión. Entender a mi pareja ha sido más difícil que amarle. No necesito entender cada rincón de su alma para adorarle y llevarle conmigo a donde quiera que vaya.

Confieso haber pecado de perfeccionista innumerables veces, quizá por mi obvia energía romántica. Sin embargo, acepto cada día más nuestra imperfección, la disfruto y me río de ella.

Vivo el vaivén de sentir tu amor y sentir tu ausencia por momentos, gozar la delicia de nuestros encuentros y sentir el sinsabor de los desencuentros, deleitarme en la palabra sublime y escuchar también la que hiere, deleitarme en tus ojos que se entregan a los míos y verlos ariscos en instantes, finalmente sé que todo esto es parte de la imperfección del amor... porque nuestro amor es profundo y... sigo siendo feliz

Hombro a Hombro

En el año 1988 mi esposo y yo iniciamos una vida de aventuras. Decidimos viajar a los Estados Unidos para que él cursara estudios de Postgrado. Este país años después nos acogería como residentes permanentes. Sus metas académicas eran exigentes y a largo plazo. Decidí, que sería su apoyo emocional, sin importar los esfuerzos que yo tuviera que hacer. Fue un trabajo en equipo intenso, coordinado y organizado. Solía recostarme en el sofá de nuestro estudio, mientras él se hundía en los libros hasta el amanecer, tratando de culminar sus asignaciones diarias. La determinación de llegar hasta el final, conducía nuestras voluntades. Seis largos años transcurrieron, hasta ver logradas todas sus metas, metas que también eran las mías.

En el amor bonito el individualismo se minimiza, sin afectar el sentido de independencia ni trastocar la autoestima. El compañerismo se incrementa y se trabaja en torno a metas comunes. Existe apoyo mutuo para los objetivos individuales. Se trabaja hombro a hombro. No hablo aquí del irreal sacrificio incondicional por el otro que llevaría al descalabro total de la relación. Me refiero a la planificación organizada de actividades en función de alcanzar una meta que traerá beneficios para ambos miembros de la pareja. Hablo aquí de ofrecer al amado tu apoyo en las buenas y en las malas para que tu mano sea quien lo sostenga por momentos, en lugar de quien lo hunda y que tu recibas lo mismo a cambio cuando lo necesites. Se trata de hacerle saber, no necesariamente con palabras, que cuenta contigo.

Cuando la desesperación te asalta te muestro el camino de la esperanza, cuando tu mirada se entristece la mía la ilumina, cuando mis piernas flaquean me otorgas tus fuerzas, cuando la confusión me invade tu firmeza me libera. **Cuando eres cultivo de tensión, soy canal de gozoso alivio**

A carcajadas

No creo que haya amor que pueda sobrevivir a las inclemencias de la interacción diaria sin las merecidas carcajadas. Reírse de uno mismo, por absurdo que parezca, es lo más refrescante y saludable que existe sobre la tierra. Admito que mi relación de pareja ha mejorado considerablemente desde que nos reímos hasta de nuestros propios desacuerdos. Tiempo atrás, todo lo que sucedía entre nosotros solíamos tomarlo muy en serio. Parecía que cada semana tuviéramos que enfrentar a un juez en la corte de familia. Cualquier cosa expresada podía ser usada literalmente en contra nuestra. La tensión corporal y emocional creció a tal magnitud que se hizo intolerable. Hoy día, el humor es parte vital de nuestras interacciones diarias. Nos reímos en familia. La felicidad llena nuestros espacios.

Una pareja que ríe, se divierte y disfruta del buen sentido del humor tenderá a permanecer más unida que una pareja que carece de estos momentos. Este no es un resultado mágico, es el resultado de una interacción que ambos miembros de la pareja disfrutan y promueven. A través de los años, se acumularán memorias que producirán risas en cada oportunidad que se cuelen al presente.

Los hijos participarán y aprenderán a gozar del sentido del humor que ha unido por años a sus padres. El vínculo familiar se fortalecerá y la capacidad de disfrutar se transmitirá de generación en generación.

Te admiro porque te amo

Viene a mi memoria una de las primeras veces que mis ojos observaron deleitados a mi pareja, para ese momento sólo un amigo, leyendo ensimismado el copyright de un libro. Una combinación de inmensa admiración, incontenible pasión e inexplicable ternura invadió mi cuerpo. Sólo una persona con gran inquietud intelectual podría buscar con tanto esmero información detallada en el copyright de un libro. Ese fue el inicio de un gran amor porque mis ojos lo miraron con ensimismada admiración.

La admiración por el ser amado eleva su autoestima ya que realza y muestra apreciación por sus virtudes y cualidades. Cuando existe admiración entre los miembros de la pareja, éstos se convierten en personas más productivas y felices. Aprenden a usar sus fortalezas para alcanzar sus metas. Así lo explica el psicólogo Venezolano Manuel Barroso cuando afirma que la autoestima no más que es un compromiso consigo mismo para utilizar recursos, alternativas y otros elementos que hacen de una persona un ser más afectivo. En general, observamos que las parejas que se admiran, se aman y son felices tienden a ser más productivas y exitosas.

En el amor bonito, la admiración le agrega un toque de fascinación a la relación. Se logran combinar perfectamente la valía con la ternura y la pasión. Es común observar estos elementos por separado, juntos crean, sin embargo, una bomba emocional. Por ejemplo, muchos podrían admirar fervientemente a Ghandi pero no sienten amor por él. Otros admiran a un escritor de poesía por la belleza de sus poemas, como Pablo Neruda, pero están muy lejos de sentir un verdadero amor por él. Pero cuando se ama y se admira a la misma persona la cantidad de emociones y sentimientos que surgen podrían dar por resultado una relación de gran fortaleza. Si este es tu caso aprovecha ese tesoro que tienes en tus manos.

El amor y la admiración van de la mano. Es muy difícil que un amor sobreviva sin la admiración. He visto amores desvanecerse por el simple hecho de que la admiración hacia la pareja se ha esfumado. Cuando la admiración deja de existir el amor comienza a debilitarse lentamente hasta morir. Es tan importante admirar a tu pareja como que te admiren. Apreciar y ser apreciado son pilares claves de toda relación.

Notar las características positivas de la pareja no es suficiente para alcanzar la admiración. Admirar requiere un proceso más profundo que involucra parte del proceso afectivo, además de lo racional. Admirar significa disfrutar de las cualidades del otro. Involucra deslumbramiento, sin alcanzar grados patológicos de fanatismo. Admiración significa valoración y aprecio profundo de las virtudes del amado.

Muchos de los conflictos de pareja se derivan de la ausencia de admiración por parte de uno de los miembros de la pareja o la dificultad para expresar dicha admiración.

Peter y Maura, una pareja de profesionales exitosos asistió a mi consulta. Maira sentía gran admiración por las cualidades de su esposo y así se lo hacía saber. Peter no parecía asombrarse con ninguno de los éxitos de Maira. Tampoco parecía percibir su crecimiento profesional. No le interesaban las conversaciones acerca del trabajo de Maira. La autoestima de ella estaba siendo golpeada duramente. Maira había pensando en la separación como una solución al conflicto.

Si la admiración no existe o no es expresada abiertamente, puede ser la mayor fuente de conflicto de la relación. Si, por el contrario, la pareja se valora en toda su esencia y aprende a expresar su aprecio por las habilidades de su pareja, la autoestima y la armonía son los mejores inspiradores de la felicidad en la pareja y en el sistema familiar.

Te amo, te deseo con delirio

> "Usa mi cuerpo para tus divinos placeres, así multiplicarás los míos hasta hacerme embriagar de delirio. Usemos nuestros cuerpos para intercambiar pasiones. Mi entrega es éxtasis para mí y desenfreno para ti. Nuestro placer es frenesí y obsesión al mismo tiempo. No hay tuyo . . . mío . . . nuestros placeres armonizan en dos cuerpos y en dos almas felices de adorarse."

Si bien es cierto que al inicio de toda relación el deseo y la pasión es lo que nos lleva a perder la cabeza por el amado, también es el deseo lo que tiende a apagarse con más rapidez. La pasión y el deseo se extinguen si nuestro amor no trasciende a un nivel donde la pareja se ama con más elementos que el de la atracción.

En la medida en que el amor se profundiza los miembros de la pareja consiguen regocijarse en la hermosura de la atracción y el deseo crecidos con el tiempo. Los miembros de la pareja han logrado conocerse mejor en la cama, sentirse más cómodos, conocer la intimidad de sus cuerpos, produciendo aún más placer que al inicio. La pareja tendrá la interminable y diaria labor de usar la creatividad para mantener el fuego de la hoguera encendida.

Invito al disfrute pleno de la sexualidad al menos que exista alguna patología sexual en el hombre o la mujer que les impida el goce pleno de sus cuerpos, como por ejemplo, dificultades para alcanzar el orgasmo en la mujer y problemas en la erección en el hombre. Si esta es la situación les recomiendo consultar con un especialista en el área de la Sexología para accesar el tratamiento específico para su caso.

El deseo y la atracción física en el amor bonito, aunque no son los mismos elementos arrebatadores de la adolescencia, sí juegan de hecho un papel primordial en la permanencia de la pareja. No existe pareja que pueda mantenerse en el tiempo sin pasión. El compañerismo, no es suficiente para sostener interacciones diarias por el resto de la vida. De ahí la importancia de mantener viva la llama de la atracción y el deseo bajo cualquier circunstancia.

La atracción física no está relacionada con los cánones de belleza regida por las diferentes sociedades. Cada pareja puede determinar cuáles son sus estándares de belleza que determinarán lo atractivo entre ellos. Para un hombre podría resultar muy atractiva una mujer alta y para otro una de estatura pequeña. El peso por el ejemplo, es un estándar de belleza que generalmente genera conflictos. Las mujeres delgadas son las más atractivas para algunos pero para otros las de curvas redondas resultan aún de mayor encanto. Lo importante es que el apetito y el antojo por el otro permanezcan y se cultiven con el transcurso de los años. No existen patrones de belleza universales. Cada pareja se encargará de formar su propio criterio sobre la atracción y la belleza entre el hombre y la mujer.

La atracción de la que hablo aquí no es idealista, no es la del sobresalto, no nos impide vivir sin el ser amado. Esta atracción enriquece nuestra sexualidad, la hace más intensa, más no nos hace dependientes. Esta atracción es como la madera que mantiene la hoguera de la sexualidad encendida.

He conocido parejas en los 70 y 80 años que de alguna manera conservan sus deseos encendidos y la atracción viva. Es innegable que la sexualidad cambia con el paso de los años y va tomando diferente formas, no muere o se desvanece, sólo se transforma. Mantengamos nuestra sexualidad ardiente y nuestro amor siempre bonito.

En el amor bonito la pasión y el frenesí se transforman, no mueren, no tienen fin. Ese antojo y anhelo pasional por el otro mantienen encendido el amor que hace vibrar cada uno de nuestros rincones. ¡El amor sin pasión está sentenciado a muerte!

Recordaré aquí al poeta griego Cavafis, uno de los más reconocidos poetas del siglo XX, en el poema donde expresa la importancia del cuerpo para amarse:

> Recuerda, cuerpo, no sólo cuánto fuiste amado,
> no solamente en qué lechos estuviste,
> sino también aquellos deseos de ti
> que en los ojos brillaban claramente
> y temblaban en la voz—y que hizo
> vanos algún obstáculo del destino.
> Ahora que todos ellos son cosa del pasado,
> casi parece como si hubieras satisfecho
> esos deseos: cómo ardían, recuerda,
> en los ojos que te contemplaban, cómo
> temblaron por ti, en la voz. Recuerda, cuerpo...

Me amo, te amo

Las personas preparadas para iniciar un amor profundo han aprendido a estar consigo mismas sin entrar en pánico, han alcanzado un nivel de independencia emocional que les lleva a buscar un compañero para compartir su bienestar y sus proyectos más que para apoyarse en él.

Hermosa y claramente, Eric Fromm hace una reflexión en su libro *El Arte de Amar*, la cual nos revela que sólo la persona que tiene fe en sí misma es capaz de ser fiel a otros. El amor a sí mismo es el inicio para poder amar a otros.

Este ser humano listo para amar no busca un amor para cubrir una necesidad no satisfecha. Una necesidad que parece guiar invisiblemente sus vidas. Casi todos cargamos en nuestros hombros conflictos no resueltos desde nuestra infancia y es la pareja precisamente en quien depositamos la mayor cantidad de conflictos no resueltos. Por esta razón la selección de pareja se convierte en un proceso tan vulnerable. La escogencia de pareja se contamina de cuanto trauma existe en nuestras vidas, si éstos no han sido atendidos o resueltos a tiempo.

Cuando alguno de los miembros de la pareja llega a la relación con miedos, rencores, tristezas, sobre los que debió haber trabajado tiempo atrás, signos de malestar y confusión comenzarán a surgir inmediatamente, la relación se romperá tan rápida y sorpresivamente que no habrá tiempo para explicaciones ni segundas oportunidades.

Cuando seleccionamos una pareja desde una necesidad no satisfecha, por seguro conseguiremos una persona que momentáneamente satisfaga esa necesidad. Sin embargo, muy pronto el vacío emocional volverá a sentirse. Un compañero de vida no viene a satisfacer una necesidad no cubierta en el pasado. No viene a llenar vacíos, ni a completar ciclos. La persona que amamos es alguien con quien compartimos la felicidad que hasta ahora hemos cultivado. Es con quien deseamos vivir un amor libre. Es con quien decidimos recorrer el camino tomados de la mano para seguir amándonos en libertad.

Sanar nuestras heridas emocionales es prepararnos para amar en libertad. La libertad que nos da el conocimiento de nuestra historia personal. La libertad que nos da el saber que nuestro pasado no nos controla. La libertad de sentir que nuestras heridas cada vez duelen menos. La libertad de elegir pareja para compartir nuestra felicidad y no porque sin ella la vida no tiene sentido. Como lo expresa Viktor Frankl: a un hombre se lo puede privar de todo, menos de una cosa: la última de las libertades humanas, la de elegir su propia actitud en cualquier circunstancia, la de elegir su propio camino.

Una pareja a pocos días de su matrimonio solicitó mi ayuda terapéutica. La novia, Benita, deseaba ayuda. Era sumamente tímida, insegura, temerosa, con un gran temor a disfrutar, a expresarse, a vivir. Su novio, Ramón, un hombre joven, posesivo, controlador, no le permitía tener amigos, ni tomar decisiones. Benita había escogido, irónicamente, al hombre perfecto. Ese hombre que viviría la vida por ella. Ramón había decidido casarse con ella desde hacía un año y aunque ella sentía que no era su tiempo para el matrimonio, lo haría porque sentía un miedo profundo al imaginar que tendría que enfrentar la difícil situación de confesarle que no deseaba casarse.

En esta relación se nota claramente como Benita había seleccionado la pareja que perfectamente la mantendría jugando el papel de mujer sumisa y controlada. Por su lado, Ramón había encontrado la mujer ideal que aceptaría todos sus controles abusivos y absurdas exigencias.

Esta relación, sin embargo, no podría mantenerse por mucho tiempo bajo semejantes fundamentos emocionales. Y si esta relación perdurara sería bajo estrictos patrones de abuso

Definitivamente, amamos enfermizamente cuando la entrega significa nuestra propia destrucción emocional.

Amigos constructores de amor, la felicidad se construye tomando decisiones difíciles, apreciando lo que somos, haciendo cambios grandes y pequeños, renunciando a la comodidad porque la recompensa lo vale... ¡aprendamos a regocijarnos en una vida preñada de felicidad!

Te amo y te respeto

Si en mi delirio de amarte me ofendes, dudo de la pureza de nuestro amor. Si en mis ganas de construir felicidad me maltratas, nuestro amor es simple falsedad. Si en mi búsqueda de armonía encuentro deshonestidad, entonces no creo en tu afecto hipócrita. Si dices que me amas y me atropellas no creo en tus palabras. ¡Amor e irrespeto nunca pueden convivir en el mismo cielo!

No quisiera hablar del respeto en la pareja como un simple cliché. Todos hemos hablado alguna vez de respeto y hemos deseado ser respetados. Además, muchos autores se han encargado de abordar el respeto como una de las bases fundamentales del amor. Sin embargo, me refiero aquí al respeto más allá de la ausencia de un insulto o un grito. Me refiero aquí a la erradicación del abuso emocional en la pareja. El abuso socava la autoestima y la armonía en la pareja.

El irrespeto adopta múltiples formas en una relación de amor. A la pareja se le puede irrespetar con la mentira, con deslealtad, con ironía, con crueldad, con burla, con subestimación, con dominación, etc. Es alarmante la cantidad de comportamientos irrespetuosos a la que una persona se enfrenta cuando convive en una relación disfuncional.

Lamentablemente nos vemos expuestos a modelos culturales de irrespeto, tanto masculinos como femeninos. El hombre machista, que domina, controla y subestima a la mujer. En algunas oportunidades llega a usar la violencia física para obtener un mayor control de la pareja a través del miedo. Por su parte, la mujer cuando no tiene la oportunidad de alzar la voz, maltratar, controlar, entonces pasa a formar parte de una resistencia pasiva, usando la ironía, la subestimación y hasta la infidelidad. Nos encargamos entonces de transmitir estos roles a nuestros hijos, quienes aprenden muy pronto a llevar la bandera del irrespeto a todos los renglones de la sociedad.

Cuando hablo de respeto en el amor bonito es aquel que se combina con la aceptación, comprensión y afecto. El respeto y la aceptación van por la misma calle, cuando hablamos de amor. El respeto significa la menor intervención posible en la vida del otro, es no intentar cambiar al amado en nombre del amor. Es el entendimiento mutuo y la aceptación de los derechos del otro. El respeto en el amor bonito es recíproco.

En el amor bonito se respira libertad, relajación y armonía. El respeto y la aceptación les dan a ambos miembros de la pareja la posibilidad de actuar libremente, de disfrutar de sus cualidades y defectos sin ser juzgado.

Muchas veces nos enamoramos de lo que nuestra pareja podría llegar a ser, de lo que nosotros quisiéramos que fuera. Nos enamoramos de una fantasía, de una promesa, de una ilusión. No amamos lo que ese ser es, no amamos su esencia sino lo que fantaseamos que será. Fingimos ser felices con la esperanza de llegar a moldear a nuestra pareja de acuerdo a nuestros sueños. No hay nada que nos lleve con más seguridad a un fracaso amoroso que amar una fantasía.

Aunque no pretendo idealizar esta etapa del amor, ni mucho menos hacerlo ver como la perfección hecho romance, sí deseo enfatizar que la pareja que se ama bonito aprende conductas respetuosas en el transcurso del tiempo. Aprende a sobrellevar los conflictos haciendo uso del conocimiento que tiene de su pareja y de cómo esta desea ser amada.

En mi opinión una de las tareas más difíciles del ser humano es vivir armoniosamente en pareja. Caer en conflicto con la pareja es realmente fácil, y sin temor a equivocarme diría que ha sido experimentado por todos. En mi caso, he tenido que cultivar profundamente mi capacidad para respirar y pensar antes de actuar para evitar invasiones de espacio innecesarias. Pero realmente todo tuvo su inicio cuando mi pareja y yo comenzamos a cultivar respeto mutuo. Aprendimos a sugerir en lugar de imponer ideas, aprendimos a conversar en lugar de discutir. En particular yo aprendí a postergar cuando sentía premura de conversar.

Entendámonos

Uno de los interesantes descubrimientos que he hecho durante mis años de convivencia en pareja es que las mujeres sobrevaloramos la comunicación verbal como medio para la resolución de conflictos. Cuando las mujeres creemos estar enfrentando un problema de pareja tendemos a hablar, hablar, ¡¡¡hablar!!! ¡¡¡bla bla, bla!!, sin llegar a ninguna parte, y así conseguimos exasperar a nuestro compañero hasta lograr su huida. Las mujeres buscamos conversar sobre un tema una y otra vez. El hombre sólo busca soluciones, va directo al punto y quiere una respuesta que resuelva el conflicto sin mayores retrasos y largas conversaciones. Las féminas no entendemos esta manera de comunicarse, lo percibimos como insensibilidad masculina o desamor. En realidad es sólo una manera diferente de abordar la comunicación.

Cuando ambos miembros de la pareja entienden que tenemos diferentes maneras de comunicarnos y que aceptarlo nos permitirá conseguirnos en un punto medio, entonces la comunicación comenzará a fluir sin mayores conflictos. Siempre la mujer tenderá al "bla, bla, bla" y el hombre al "anda al punto", pero juntos pueden hacer una combinación perfecta si se rigen bajo los parámetros del respeto y la aceptación.

De cualquier manera, la mejor comunicación en la pareja es la que no se habla. He aprendido que existen dos maneras de comunicarse que tienen efectos grandiosos en la armonía de la pareja: el silencio oportuno y el lenguaje afectivo

Hay momentos en los cuales el silencio es la mejor manera de relacionarse. Hay momentos cuando una caricia expresa con simplicidad las ideas más enredadas. Hay ocasiones donde la distancia también nos revela una incógnita inesperada. Es importante saber que no tenemos que abusar de la palabra como único medio para comunicarnos.

Luego de muchos años de ser una mujer "bla, bla", reflexioné sobre lo peligroso que es abusar de las palabras como único mecanismo de comunicación en una relación de pareja. Hace algún tiempo al iniciar una conversación con mi esposo las palabras parecían crear confusión, malos entendidos, parecían herir cuando no era nuestra intención. Entonces aprendimos, que en muchas situaciones el silencio es la mejor alternativa para la solución de conflictos. Actualmente muchas veces el silencio y la distancia momentánea nos lleva a alcanzar la solución con mayor rapidez que cuando hablamos.

Además contamos con el lenguaje afectivo, aquel que nos permite comunicarnos a través del amor. Es expresar nuestro afecto, admiración y compromiso emocional a través de acciones y no sólo con palabras. Decir "te amo" es parte del amor pero no lo expresa todo. Es ir más allá de la palabra y entregar el amor con actos, con acciones que expresen apoyo, admiración, afecto, compromiso, etc.

Al abrir los ojos con la luz del sol, dediquemos minutos a amarle sin palabras. Rocemos nuestro cuerpo con la calidez del suyo, consagremos la ternura en la intensa caricia, dejemos volar nuestros dedos surcando amor en su piel, hagamos dulce fiesta con los pies, deleitémonos en las líneas de su cuerpo... amémonos en silencio...

Riesgos del Amor Bonito

Muy a pesar de que este amor es bastante estable y los amantes tienden a permanecer juntos en el transcurrir del tiempo, también es cierto que corre riesgos cuando la convivencia se hace hábito y la interacción aburrida.

La mayoría de los seres humanos buscamos la mezcla entre seguridad, estabilidad y algo de excitación. Deseamos a alguien que nos entienda, nos cuide y nos acepte, pero que al mismo tiempo nos proporcione la oportunidad de vivir momentos novedosos. Vivir momentos excitantes es lo ideal, por lo menos con una frecuencia que satisfaga esa necesidad de exploración de cosas nuevas. Gabriel García Márquez, en su novela *El amor en los Tiempos del Cólera*, a través de su personaje Juvenal Urbino decía:

"El problema del matrimonio es que se acaba todas las noches después de hacer el amor, y hay que volver a reconstruirlo todas las mañanas antes del desayuno"

Esta es una de las maneras más hermosas de hablar del constante reinventar una relación en la medida que el tiempo transcurre para evitar la muerte trágica del amor. Satisfacer la necesidad de vivir nuevas experiencias con la persona amada aumentará la deliciosa intensidad de este amor. También lo hará aún más profundo y duradero. Elaine y William Walster, en su interesante descripción del amor-compañía, al cual yo denomino amor bonito, lo describen como un fuego que arde constantemente, alimentado por experiencias placenteras, pero que puede ser extinguido por experiencias dolorosas. Yo agregaría: también por el aburrimiento y el tedio.

Evitar el aburrimiento es parte de nuestra labor diaria. El amor bonito no por estable tiene que ser unicolor, plano. Estabilidad no significa aburrimiento. Podemos hacer de nuestro amor un romance estable pero multicolor, creando experiencias nuevas que propicien la reactivación de las emociones cuando sintamos que la rutina esta anulando nuestros placeres. Me refiero aquí a aprender a reinventar el amor. Reinventar el amor es crear un día de 28 horas para amarnos sin pausas, es consagrarse sin reservas ante tanta devoción, es escribir en la piel del amado un poema de amor con tu propio cuerpo, es tomarse de las manos en luna llena como si acariciaras su alma. Reinventar el amor es saber que nos quedamos rendidas ante el embeleso de su encanto . . . No significa esto que debamos regresar al romanticismo arrollador del principio de la relación ya que el amor crece, se transforma y con él su manera de expresarse. Quizá ya no habrá rosas sobre la mesa pero habrá una mano firme que te sostenga, quizá ya no habrá cartas rosadas pero habrá un ser que comparta tus sueños. Quizá ya no habrá melodías de serenata pero tendrás un pecho en el cual descansar. Quizá ya no vivirás una pasión desenfrenada pero podrás vivenciar la entrega de dos almas que se deleitan en el frenesí de sus cuerpos . . .

Adicionalmente, hablo de propiciar experiencias nuevas para seguirse amando. Me refiero a actividades intelectuales, sexuales, recreativas, religiosas, etc.

A continuación les presento un ejercicio sencillo y práctico para que tengas la oportunidad de sondear aspectos relevantes de tu relación.

¿Cuándo fue la última vez que llevaste a cabo un proyecto o actividad especial con tu pareja? ¿En qué consistió?

_____
_____
_____

Te invito a crear simples proyectos o actividades con tu pareja que le inyecten alegría y emoción a tu relación.

Escribe a continuación, después de hablarlo con tu pareja, ¿Cuál crees que podría ser la siguiente actividad especial o proyecto que pudieran ejecutar juntos? Incluye la fecha en la que iniciarán la actividad.

_____
_____
_____

Los proyectos de pareja no necesitan ser complicados ni costosos, pueden ser tan simples como:

- Entrar a un plan de ejercicios juntos.
- Participar en un grupo religioso para profundizar la fe como pareja.
- Crear nuevas fantasías sexuales para el mayor disfrute de ambos
- Participar en un grupo activista comunitario
- Involucrarse en un grupo que realice obras de caridad.
- Participar en talleres y conferencias de crecimiento personal y de pareja.

No pretendo sugerir que las parejas estables deban estar en una búsqueda estresante y nerviosa de formas alternas de enamorarse. Por el contrario, el profundo conocimiento de la pareja los irá llevando por el camino correcto para la participación conjunta en actividades de una manera relajada, tranquila y armoniosa.

Unos buenos amigos, casados por más de 40 años, con los cuales mi esposo y yo hemos compartido momentos extraordinarios, siempre planean divertidos proyectos de jardinería y decoración en su casa para cada verano. Dichos proyectos son llevados a cabo durante los fines de semana entre los meses de julio y septiembre.

Los proyectos de pareja pueden ser simples y económicos:

- Disfrutar juntos un domingo preparando el plato preferido por toda la familia.
- Preparar una fuga íntima de pareja una vez al mes para disfrutar de una cena en un lugar secreto.
- Ver una película para dos el sábado en la noche.
- Si comparten la misma fe religiosa, podrían compartir su oración preferida.

Cuando el aburrimiento sobreviene ¿tiene lugar la infidelidad?

Cuando el aburrimiento impacta la relación es el momento que todos queremos evitar. Muchas veces, es tal el tedio que alguno de los miembros de la pareja sucumbe a las garras de la infidelidad y al encantamiento de una relación extramatrimonial. Este romance extramatrimonial sólo proporciona la emoción que le falta a la relación estable, sólo la compensa pero no la sustituye. Muchas veces la infidelidad es la búsqueda de una relación que proporcione la excitación de la novedad, lo desconocido, lo emocionante. El aburrimiento no excusa un acto de infidelidad pero lo explica en base a lo que está sucediendo en la relación matrimonial. También existen otros factores que podrían explicar la infidelidad: patrones sociales, valores, bases históricas. Estos factores serán explicados más adelante.

Se constituye una relación extramarital en la libertad que te da el libre albedrío. La atracción por alguien es involuntaria pero la relación que estableces con ella es totalmente pensada y organizada. Los valores morales y/o religiosos podrían jugar un papel importante en detener la infidelidad, sin embargo, he visto muchos pacientes que en lugar de abstenerse de la relación infiel le dan rienda suelta y cargan con la culpa de no estar haciendo lo que va de acuerdo a lo que indican sus valores.

La fidelidad es algo más que amor. Es un compromiso de respeto y admiración por la persona amada. Es decidir quedarse cuando la tierra tiembla, es tomarse de las manos aún cuando la distancia prevalece. Es mirar a un lado cuando la tentación se acerca, es perdonarse con el alma y con el cuerpo para empezar de nuevo.

Si por el contrario optas por una relación extramarital, te estarás dando la oportunidad de vivir nuevamente un amor arrebatador, apasionado, cargado de fantasía, ilusiones y sensualidad. Sin embargo, prontamente esta relación también enfrentará el espejo de la realidad como lo hizo la relación marital y sólo quedará el vacío de dos cuerpos que ni siquiera llegaron a conocerse el alma.

La otra cara de la infidelidad es el engaño. Es la mentira dolorosa a la que conlleva casi necesariamente cualquier acto de deslealtad en la relación. El engaño deja una gran herida difícil de sanar. La confianza se ve destruida por el drama de la falsedad. Por eso el dolor de la infidelidad es tan profundo que las heridas, muchas veces, terminan destruyendo la relación por si mismas. El dolor podría superar toda capacidad de perdón.

Un elemento que podría favorecer la infidelidad es la creencia social de que el hombre, principalmente en nuestros países latinos, tiene mayores privilegios para ser infieles. La creencia es que de alguna forma el comportamiento infiel masculino es aceptado. En los tiempos de mi abuela, los hombres constituían familias fuera del matrimonio y por razones culturares y económicas las mujeres se veían obligadas a aceptarlo. En el siglo XXI esta situación ha cambiado considerablemente, muchas mujeres ya no tienes razones de peso para continuar en una relación en la cual son víctimas de humillación, infidelidad y engaños. En los casos más extremos, hasta es preocupante cómo ha aumentado el índice de infidelidad femenina en las ciudades con mayor industrialización. Esta peligrosa tendencia de las mujeres a ser infieles muestra definitivamente una notable independencia económica y social de la población femenina pero,

¿Hasta que punto estamos usando nuestra independencia, por bien merecida que sea, en experiencias autodestructivas que terminarán por hundirnos en el más entrampado de los hoyos?

Maritza una mujer de 50 años, atractiva, sensual, casada, con un matrimonio disfuncional del cual deseaba deshacerse. Comenzó a asistir a consulta porque había iniciado una relación extramarital en un compañero de trabajo, 15 años más joven que ella. Su amante era un hombre casado, con dos hijos, matrimonio estable. Le había expresado con claridad que no arriesgaría su matrimonio por este romance, por tal razón debía mantenerse bajo estricta confidencialidad. Compartían momentos pasionales durante los cuales ambos desbordaban sus deseos a escondidas. Tenían encuentros sexuales con delirio y frenesí. Una locura sexual se apoderó de ambos. Llegaron a consumar actos sexuales en el ascensor, cafetería, del edificio en el cual ambos laboraban, después de la hora de salida del trabajo. Ambos parecían estarse consumiendo en el fuego de la pasión.

Tiempo después Maritza comenzó a sentir que la soledad de su matrimonio era prácticamente la misma que experimentaba en su relación con su amante. A pesar de que lo tenía de vez en cuando, sus fines de semana eran solitarios igual que sus noches. Maritza decidió finalizar su matrimonio, que ya se encontraba en etapa terminal, y poco tiempo después decidió no propiciar más encuentros con su amante a pesar del miedo que sentía de quedarse sola. ¡Maritza aún teniendo dos parejas estaba profundamente sola!

Soy una defensora a muerte de la lealtad elegida, de la fidelidad que se escoge libremente, no por ausencia de deseos o por la falta de fantasías sino por compromiso emocional con la pareja. Todos somos conscientes de que en algunas oportunidades fantaseamos momentáneamente con alguna persona que nos resulta atractiva. Soñamos con una aventura pasional, sin embargo la fantasía se desvanece sin que hagamos el más mínimo intento de convertirla en realidad. Voluntariamente elegimos continuar nutriendo nuestro amor bonito con el fin de lograr conservar un nivel de encuentro y deseo que mantenga el aburrimiento alejado de la relación.

Lamentablemente, años de experiencia como terapeuta de pareja me indican que las personas que han sido infieles varias veces tenderán a ser infieles nuevamente. Yo diría que el 95% de mis pacientes confirma esta aseveración de mi parte. Lo cual coloca a las mujeres y hombres a una situación difícil al tener que decidir si continuar en una relación donde la infidelidad ha sido el pan de cada día.

¿Nos aburre la tranquilidad?
¿En búsqueda de excitación emocional?

Al conocer a mi actual esposo, yo había recien finalizado una relación turbulenta, en la cual la excitación emocional y el sufrimiento eran los elementos predominantes. Había aprendido a sentir ansiedad, stress, incertidumbre y dolor asiduamente. Había sido una relación caracterizada por la dependencia y el abuso emocional.

Mi nueva experiencia me permitía reconciliarme con la idea de que el amor me daría la posibilidad de relajarme y vivir en paz. Finalmente tendría la posibilidad de ser yo misma, sin miedo a ser rechazada. Idealmente, todo debió haber ido bien pero nada sucedió como yo esperaba. Mi cuerpo comenzó a exigir altos niveles de excitación emocional y adrenalina para poder funcionar. Esta relación no producía semejante nivel de estremecimiento. Sin abandonos, incertidumbres, maltratos y reconciliaciones, mis emociones no hervían como en el pasado; por el contrario, contaba con seguridad, afecto, estabilidad, tranquilidad. ¿Qué más podía pedir? ¿Necesitaba altos niveles de excitación emocional para sentir que estaba realmente enamorada? Sentía que algo me faltaba.

Juntos descubrimos que yo buscaba erróneamente emociones turbulentas que no nos permitían construir un amor sano. Luché duramente para sanar las heridas de mi pasado. ¡Nuestro amor bien valía la pena!

Somos muchos los que nos apegamos, no solo a las emociones turbulentas, sino al sufrimiento que una relación de pareja nos podría causar. Pensamos que mientras más sufrimos más amamos. Que si sufrimos es porque realmente amamos y sentimos que valdría la pena salvar la relación por el sufrimiento que hemos invertido en ella. No nos damos cuenta que si permanecemos en dicha relación el dolor y el sufrimiento no se detendrá hasta vernos sucumbir en un mundo de oscuridad del cual será muy difícil salir. Ilusamente nos quedamos en la relación esperando por un cambio que nunca llegará, mientras de alguna forma, nos vamos acostumbrando a la montaña rusa emocional en la cual hemos paseado por un buen rato.

Cuando experimentamos un amor bonito, quieto, seguro, algunas veces dudamos de la autenticidad de ese amor porque esperamos la telenovela a la que estamos acostumbrados, sin darnos cuenta que este es uno de los amores más puros y duraderos que jamás podamos experimentar. Obviamos la turbulencia que da una pasión estable. La tragedia sobreviene cuando, en busca de adrenalina, despreciamos la belleza de un amor estable. Insistimos en la cazería de amoríos que, si ciertamente nos deslumbran, sólo nos traen decepción y sufrimiento.

En una relación que comienza conseguiremos sensaciones nuevas, emociones alucinantes que mantendrán nuestro ritmo cardíaco al máximo. Sin embargo, todo fuego temporal tiende a extinguirse como una fogata en la noche. A veces le asignamos calificativos de prohibidos a tales amoríos, lo cual los hace aún más interesantes y atractivos. La vida va más allá de una atracción. La vida real implica la vivencia de un amor imperfecto pero que valora el equilibrio, la convivencia y el respeto.

Cuando el amor se esfuma

> **Contigo descubrí que el amor llega a su fin, que el dolor y el desamor hacen sucumbir la adoración, que la belleza de la pasión se convierte en vacío, que el amor más puro descansa en su final cuando ya no llora más, contigo descubrí que la entrega pierde su sentido cuando no hay dos almas, que ya no quise besar tus labios porque sabían a otros, gracias por permitirme descubrir que ya no quería amar así...**

¿Dónde está el hombre con el cual me casé? ¿Dónde está la mujer dulce que conocí hace 5 años? ¿Por qué has cambiado tanto? Ya no eres el mismo... ¡Me ocultaste tu verdadera personalidad! Estas son algunas de las expresiones que comúnmente escuchamos entre las parejas al momento en que la realidad golpea a sus puertas y la verdad comienza a develarse. Esto tiene lugar cuando el periodo de enamoramiento llega a su fin. Ese enamoramiento donde la pasión y el romance no permiten a los enamorados notar las verdaderas características de sus amantes.

Recuerdo vívidamente la historia de Luis, quien había estado casado por años y asistió a terapia en búsqueda de respuestas y soluciones. Su esposa Mariela le había confesado que su amor por él se había esfumado. Ella no podía identificar razones. Mariela deseaba que todo fuera diferente, deseaba seguirlo amando, pero la realidad era que su amor se había ido hacía algún rato sin avisar. Mariela escudriñó las metas profesionales de Luis en los últimos años y algunas decepciones en cuanto a sus alcances económicos. Sintió que su amor se había ido apagando en la medida que su admiración por él fue disminuyendo. Al principio de la relación ambos iniciaron sus carreras profesionales y se esforzaban por abrirse camino en el ámbito laboral; sin embargo, con el transcurrir de los años, Mariela se había convertido en una exitosa ingeniero y él continuaba con la queja diaria del fracaso. Ella aportaba el mayor ingreso económico del hogar. La admiración y el respeto por la persona que ella había conocido se había perdido y, con ellos, el amor que le había tenido.

El amor no es rígido, no es único como muchos tratan de hacerlo ver, al intentar idealizarlo como un sentimiento universal. El amor es un sentimiento dinámico, cambiante, que evoluciona. El amor requiere que evolucionemos junto con él y que adaptemos nuestras metas y necesidades a los cambios culturales y económicos para continuar creciendo en pareja, si así lo requieren los que se aman.

Para amar bonito se requiere flexibilidad, capacidad de adaptación a los cambios en pareja. Es como bailar en pareja a un mismo ritmo, necesitas mover los pies, las manos y el cuerpo de una forma coordinada y armoniosa. Si la música cambia, los movimientos tienen que modificarse a su vez para poder continuar el baile, de lo contrario el resultado serán los vergonzosos pisotones que todos queremos evitar.

Te sugiero estar atenta a los procesos de cambio en ti y en tu pareja, compártelos. Sean ambos parte de ellos, uno apoyo del otro. Realicen y ejecuten proyectos juntos, por simples que parezcan. Hagan del amor un cielo atractivo y excitante.

Es cierto que el afecto podría acabarse por razones psicológicas, desbalance hormonal y muchas otras causas de origen patológico como la depresión la esquizofrenia. Pero estos casos son la minoría. Cuando hablamos del fin del amor, generalmente hablamos de desgaste, del fin de la admiración y el respeto. El desamor sobreviene cuando ya no hay metas en común y en su lugar hay un vacío. Es el momento del desencuentro, cuando ya la compañía no resulta divertida y no hay temas en común. Es como andar en dos caminos separados y tratar de tomarse de la mano. Cuando el desamor sobreviene irremediablemente ya es demasiado tarde. El amor se ha esfumado.

Jose Angel Buesa, poeta cubano (1919-1982) refleja espléndidamente en su poema "Se deja de Querer" el desvanecimiento del amor. He aquí algunas estrofas:

> Se deja de querer, y no se sabe
> por qué se deja de querer.
> Es como abrir la mano y encontrarla vacía,
> y no saber de pronto qué cosa se nos fue.

> Se deja de querer y es como un río
> cuya corriente fresca ya no calma la sed;
> como andar en otoño sobre las hojas secas
> y pisar la hoja verde que no debió caer.

> Se deja de querer y es como el ciego
> que aún dice adiós, llorando, después que pasó el tren;
> o como quien despierta recordando un camino,
> pero ya sólo sabe que regresó por él.

> Se deja de querer y no se sabe
> por qué se deja de querer . . .

CAPÍTULO III

EL MISTERIO DE LA ATRACCIÓN

¿Error o acierto a primera vista?

El mayor de nuestros aciertos o el peor disparate que podamos cometer comienza cuando escogemos nuestra pareja.

ES MUCHO EL tiempo y las energías que invertimos tratando de corregir relaciones de pareja que nada más comenzando enfrentan un interminable número de conflictos. Relaciones en las cuales la desarmonía se extiende a todas las áreas sensibles de la pareja. En la etapa de la luna de miel, los amantes son capaces de mantenerse juntos debido a la idealización que cada uno hace del amor. Igualmente, a pesar de los conflictos presentes, los enamorados idealizan la imagen y la personalidad del otro, lo que les posibilita continuar en la relación negando los problemas que ya se asoman.

Transcurrido el periodo pasional, los conflictos empeoran, las verdaderas personalidades se revelan y se hace mucho más difícil sobrellevar la relación. La pareja se percata de que algo no anda bien. Luego de agotados todos los recursos personales y terapéuticos posibles, en muchas oportunidades, no les queda más que aceptar el hecho de que han seleccionado a la persona equivocada. Estoy convencida de que, por triste que sea, algunas personas no están dispuestas a asumir un reto de dos. Y si aún lo estuvieran, su propia historia personal les impide crecer en la misma dirección de su pareja. Es precisamente cuando vemos a dos personas por años haciendo esfuerzos inútiles por tratar de mantener una relación en armonía en la que siempre el resultado es caos, confusión y sufrimiento.

En este capítulo les comentaré los procesos a través de los cuales seleccionamos pareja. Podría hablar sobre la variedad de teorías sociales y psicológicas que existen acerca de la selección de pareja, pero mi intención aquí no es profundizar en una explicación de lo que los diferentes teóricos han dicho a través de los años. Sólo pretendo tener una sencilla conversación sobre los procesos que desde mi perspectiva toman lugar cuando seleccionamos pareja.

Basados en Heridas del Pasado

Cuando las parejas vienen a consulta, por lo general les pido que me hablen un poco de la historia de la pareja, incluyendo cómo se conocieron y cuáles son los problemas que enfrentan. Suelo tener sesiones por separado para hablar de la historia personal de cada uno de ellos. En estas sesiones individuales, casi el 98% de las personas terminan hablando de sus padres y de cómo sus parejas se parecen o no a ellos o a figuras significativas en la infancia. Confieso que como terapeuta no tengo que hacer ningún esfuerzo para que esto suceda. Por alguna razón misteriosa, la persona conecta su conflicto de pareja con lo que recuerda de sus padres.

Las historias que escucho de mis pacientes, estoy segura que son las historias que ellos recuerdan: por eso la narran de esa manera. No quisiera relacionar esto con el consciente o inconsciente según la perspectiva psicoanalista, no esa mi intención en este libro. Aunque son muchos los autores que así lo hacen, yo lo analizaré bajo otros términos con el fin de facilitar la comprensión y el abordaje de estos hechos.

Son muchas las experiencias vividas desde nuestro nacimiento, pasando por nuestra infancia, años de escuela, adolescencia, llegando a la adultez. Estas experiencias van desde la conexión con nuestra madre al nacer, nuestras necesidades de seguridad, afecto, alimento, etc. Al relatar nuestras historias de vida, muchos de nosotros conseguimos vacíos que representan necesidades no satisfechas. Sentimos que nuestros padres o figuras significativas, por alguna razón han dejado en nosotros ciertas carencias.

Otra forma común de sentir que estamos entrampados en hoyos del pasado es cuando hablamos de trauma, abuso o abandono por parte de alguna figura importante en nuestra infancia.

Muchas de esas experiencias las recordamos y las vivenciamos como dolorosas y al traerlas al presente las describimos como heridas que han sido difíciles de cerrar. Es el caso de Sarah, quien creció con un padre alcohólico a quien amaba profundamente y temía a la vez. Sarah, de 23 años, era la mayor de tres hijos, había estado encargada de sus dos hermanos desde que su madre había fallecido hacía 8 años. El padre había empeorado su problema de alcohol desde la muerte de su esposa. El padre de Sarah se debatía entre el amor por sus hijos y el dolor de haber perdido a su esposa, que a su vez lo conducía a mayor consumo de alcohol. Cada vez más su problema de adicción al alcohol lo llevaba a estar más ausente del hogar, mientras Sarah luchaba para sacar adelante el hogar y a sus dos hermanos.

Sarah había sentido siempre un gran vacío afectivo, sentía que su padre había sido el gran ausente de su vida. Ahora estaba iniciando una relación de pareja con profundos miedos a enamorarse de un hombre tan ausente de su vida como su padre. Su novio pasaba frecuentes periodos de tiempo alejado de ella por razones de trabajo. Sarah comenzó a sentir pánico de vivir una vida de soledad como la de su madre.

Así como Sarah, muchos de nosotros pasamos parte de nuestra vida huyendo de nuestro pasado o pretendiendo que huimos. Expresiones como las siguientes son frecuentes: "Merezco que me traten mejor que a mi madre", "No voy a repetir la historia de mi hermana", "Nunca cometeré el mismo error de mi padre", "No me resigno a vivir una vida como la de mi madre". Pasamos parte de nuestra vida repitiéndonos estos mensajes como para que se nos quede grabado en la piel. Para finalmente repetir el mismo embrollo, si no hemos trabajado a profundidad nuestras heridas emocionales. Es realmente misterioso cómo se conjugan la cultura, el cerebro y la memoria para hacer de los ciclos un enorme y permanente elemento que forma parte de nuestras vidas.

Los que hemos trabajado con familias víctimas de violencia doméstica hemos podido escuchar la voz desesperada de una persona que clama por justicia, pero que a la vez se descubre repitiendo un ciclo de violencia que espera por ser roto.

No es difícil conseguir una lista de perpetradores en la historia de vida de una mujer que ha sido repetidamente abusada física y psicológicamente por su pareja, principalmente durante su infancia.

Recuerdo a una joven de 28 años a quien en esta ocasión llamaré Matilde, quien acudió a terapia por el constante terror que le producían las palizas que le propugnaba su esposo cada vez que éste salía con sus amigos de "parranda". Ya casi sin consciencia por el exceso de alcohol, su conducta violenta se volcaba sobre ella. El resto del tiempo él se encargaba de menospreciarla como mujer y madre de su único hijo. Durante la segunda sesión, Matilde narra su interminable pesadilla, la asemeja con su historia como hija de un padre alcohólico. Matilde recuerda con profundo dolor, voz entrecortada y lágrimas en sus grandes ojos castaños, como su infancia había transcurrido entre abusos perpetrados por un padre alcohólico y la negligencia de una madre que había sido incapaz de ponerla a salvo.

Matilde actuaba en función de sus heridas del pasado. Permanecía impávida como víctima de abuso viendo los días pasar, paralizada por el pánico y repitiendo lo que tantas veces se juró a sí misma no repetiría.

El abandono y el desamor nos dejan las más dolorosas heridas en el alma. Un niño que sueña con una acaricia para dormir, con un "te amo" sin motivo, con una canción de cuna que arrulle sus sueños. Un amante que ama con el miedo entre los dedos, que no sabe construir un cielo, que no alcanza felicidad bajo ningún techo.

¡Entendamos que el pasado quedó atrás y que merecemos ser amados!

Repetición de historias

Siguiendo la vida de Matilde y la de muchas mujeres que como ella sin darse cuenta van tristemente repitiendo la vida de los que constituyeron figuras importantes en su infancia. Romper los ciclos es una de las maneras de sanar nuestras vidas. Sanarnos es darnos cuenta cómo repetimos las mismas historias una y otra vez, incluyendo las historias que más rechazamos o a las que más les tememos. El rompimiento de los ciclos es un proceso de internalización a mediano y a largo plazo. Es un proceso doloroso y lento porque se avivan, reviven y recuentan momentos del pasado que quizás hubiéramos preferido guardar en el olvido.

No sólo recordamos experiencias de indudable sufrimiento sino escudriñamos las semejanzas entre el pasado y el presente, entre la historia familiar y la propia historia, lo cual provoca muchas veces sentimientos de frustración por no haber podido vencer la tentación de repetir el ciclo.

Los ciclos no son copias exactas uno del otro. No se repite conducta por conducta tal cual como es observada. Es imposible la imitación idéntica de comportamientos en su total complejidad. Al parecer, tendemos a repetir las experiencias positivas o negativas más resaltantes de nuestros padres o los que más parecen afectarnos en nuestro pasado.

En momentos muy tempranos de nuestras vidas, aún cuando nuestro cerebro parece no estar preparado para guardar memorias, entre los 2 y 3 años, el cerebro es capaz de grabar experiencias cuando éstas resultan ser inmensamente significativas. Nuestro cerebro selecciona las experiencias que permanecerán en la memoria y las que pasarán al olvido. De acuerdo a muchas investigaciones la memoria es selectiva, en otras palabras, no recordamos exactamente todo lo que nos ha sucedido, sólo recordamos parte de nuestras experiencias. De alguna forma, nuestra memoria selecciona lo que será recordado y que podrá ser revivido con facilidad.

El ser humano tiende a recordar las experiencias que producen emociones intensas, fuertes, arrolladoras, las cuales muchas veces son lamentablemente experiencias negativas de la infancia. Durante las primeras sesiones, la historia de vida de un paciente se asemeja a una completa pesadilla hecha realidad, donde todos los personajes parecen tener un afán de destrucción. ¿Fue esta la real historia? ¿O es sólo esta la historia que el paciente recuerda?

En el transcurrir de las sesiones, la persona es capaz de completar la historia con elementos posiblemente que le producen emociones más placenteras. No todo es tan oscuro como parecía ser al principio. "Mi padre no era tan malo a pesar de todo", "Mi madre lo hizo lo mejor que pudo", "Mi padre me amó a pesar de su problema con el alcohol".

Cuando el paciente inicia el cambio de su relato de vida entonces comienza a reencontrarse por primera vez con sensaciones de alivio y descanso emocional que lo llevan a visualizar una esperanza que lo hará sentir optimista y le permitirá conducir su vida de una manera diferente y más efectiva.

Recientemente, viví una maravillosa experiencia durante una sesión que sostuve en la casa de una madre quien sufría de una crisis depresiva al culparse por su parto prematuro y las consecuencias que eso le había traído a su bebé quien aún se le mantenía en cuidados intensivos en el hospital de la localidad. Esta madre decía recordarse en su infancia como una niña solitaria, triste, a quien nadie le prestaba atención, sin el afecto de sus familiares. Por un momento, hizo silencio y dijo: "Bueno, eso es lo que yo recuerdo, posiblemente ni siquiera pasó como ahora lo recuerdo, posiblemente no era que no me amaban" hizo un silencio prolongado, como de profunda reflexión. Para nuestro siguiente encuentro, su rostro había cambiado, de un rostro depresivo y lloroso a uno más entusiasta y optimista.

Otro caso que con frecuencia veo en mi consulta es el de mujeres que seleccionan como parejas hombres comprometidos, casados o de alguna manera inalcanzables. Comparto con ustedes la historia de Alexandra, mujer de 32 años quien había tenido tres relaciones de noviazgo consecutivas con hombres casados. Alexandra iniciaba todas sus relaciones con la esperanza de que su noviazgo terminara formalizándose y se convirtiera en un matrimonio estable y duradero. Alexandra ansiaba ser amada y apreciada como mujer. Alexandra admitía conocer el estado civil de sus parejas cuando decidía arriesgarse y establecer una relación con cada uno de ellos. Aunque recibía promesas de divorcio por parte de sus parejas, realmente nunca notó hechos concretos que le probaron que sucedería. Sin embargo, ella decidía seguir esperando por señales que le indicaran la estabilización de la relación. En otras ocasiones continuaba su búsqueda de parejas que parecían prometerle lo mismo.

Alexandra, frustrada y deprimida por los supuestos engaños de sus parejas, asistió a terapia buscando respuestas. Al relatar su historia de vida, se describió como parte de una familia en la cual su madre había sido la amante secreta de un hombre casado por muchos años y del cual había tenido 4 hijos. Alexandra se recordó viendo a su padre en secreto para no ser descubierta por su "familia oficial", como ella la denominaba. La relación de sus padres duró poco después del nacimiento de su hermano menor. Su padre nunca más regresó a casa, sin embargo mantuvo contacto esporádico con Alexandra.

El sufrimiento materno fue de alguna forma internalizado por Alexandra. Cuando una madre sufre o siente emociones intensas, lo expresa a través de palabras, cuentos, expresiones, lenguaje corporal y es entonces cuando el niño lo archiva en su memoria y lo incorpora como parte de su propia historia de vida. La historia de los padres de alguna forma se convierte en las historias de los hijos.

No pretendo aquí decir que intencionalmente duplicamos los roles de nuestros padres o figuras significativas. Lo que deseo expresar es que formamos parte de una historia familiar, social y cultural que asimilamos como nuestra, incorporando elementos de las historias a nuestro alrededor y formando con ellos nuestra propia historia. Al relatar nuestra vida, aparecen inevitablemente factores que provienen de las vidas de los que más amamos en nuestra infancia, hasta el punto de no discernir cuándo los elementos provienen de nuestra historia y cuándo provienen de la de un ser amado.

Así fue el caso de Sandra quien presentó un cuadro depresivo por las constantes infidelidades de su esposo con quien había contraído matrimonio sólo hacía 3 años. Además de haber sido infiel en varias ocasiones, su esposo había mostrado un comportamiento de desprecio y frialdad hacia Sandra. Esto había afectado profundamente su autoestima y autoimagen de Sandra. A pesar del inmenso sufrimiento, Sandra expresó abiertamente que continuaba amando a su esposo y que deseaba reconquistarlo bajo cualquier circunstancia. Sandra había sido abandonada por su esposo en diversas ocasiones, quien regresaba por su constante súplica.

Al relatar su historia, Sandra se reencontró con una familia en la cual nunca se había sentido apreciada. Había crecido como una niña solitaria, a pesar de ser la tercera de cuatro hermanos. Siempre sintió que tenía que luchar por el afecto de sus padres y que aún así el amor de los que más quería era algo más que inalcanzable.

Sandra repitió su ciclo de desamor (o lo que recuerda como desamor) y lo extendió a su relación de pareja al seleccionar a un hombre que ciertamente le proporcionó, desde un principio, señales claras que no sería el hombre que la apreciaría y la amaría.

El misterio de la atracción

Muchos autores e investigadores han tratado de develar el misterio de la atracción. Algunos han acudido al romanticismo, a la poesía, la teorización, la investigación científica, y algunas otras cosas. Octavio Paz se refiere a la atracción como un misterio en el que interviene una química secreta que va de la temperatura de la piel al brillo de la mirada, de la dureza de unos senos al sabor de unos labios. Para la atracción no hay reglas. Yo expreso mi acuerdo con el Sr. Paz cuando recuerdo el refrán popular "Sobre gustos y colores no han escrito los autores". La existencia de cierto misterio, magia o azar cuando elegimos pareja es algo que no voy a negar. La intervención de algunos elementos azarosos y el misterio que toma parte en ese primer contacto, mirada o magia que acompaña el flechazo de Cupido es un enigma que creo ningún ser humano podrá nunca descifrar.

Si lo analizamos detalladamente, son muchos los elementos que deben coincidir para que el flechazo de Cupido nos alcance. Todo el camino que tenemos que recorrer, decisiones que debemos tomar, giros de vida que tienen que suceder. Llegar a un lugar particular, en un tiempo determinado, lograr que las miradas se crucen para que finalmente el misterio del amor tenga lugar. Cualquier mínimo cambio hubiera podido ocasionar que ese primer encuentro se arruinara.

Es un misterio sobre el cual no tenemos control, el cual no podemos manipular. Sencillamente ocurre. Y cuando no ocurre, no hay nada que hacer. Es un enigma encantador que deja volar la imaginación.

Cuando mi pareja y yo tuvimos nuestro primer encuentro, fue curioso ver cómo todos los elementos circunstanciales se unieron para que Cupido hiciera su aparición. Ambos habíamos recientemente finalizado nuestras correspondientes relaciones de pareja, las cuales habían sido relaciones duraderas en el tiempo. Aunque aún teníamos heridas abiertas de las relaciones rotas, ambos estábamos dispuestos a experimentar una relación nueva y diferente. Increíblemente años atrás, los dos habíamos vivido en el mismo conjunto residencial, durante el mismo período de tiempo. Ese primer encuentro nunca se dio. Quizá si hubiéramos cruzado nuestras miradas nada hubiera sucedido. Habría sido el encuentro de dos completos extraños en cualquier lugar del mundo. Ninguna circunstancia ni magia nos hubiera unido. Nos habríamos cruzado sin siquiera percatarnos, ¿Acaso este fortuito encuentro tuvo lugar y nos dejamos ir sin darnos cuenta? Nunca lo sabremos...

Si bien es cierto que la atracción es un enigma indescifrable, lo que hacemos con esa atracción es totalmente voluntario. Tenemos la capacidad de ceder ante el encantamiento inicial del amor o huir despavoridos frente a un misterio que no estamos dispuestos a vivenciar.

Huimos por temor o porque racionalmente no deseamos entrar en una relación que emocional o moralmente nos traería complicaciones. Estas decisiones racionales para optar o no por una relación son las que nos diferencian del apareamiento animal. Para que este apareamiento tenga lugar, para la mayoría de los animales, sólo se necesita del celo de la hembra. En el ser humano hay muchos otros elementos que juegan un papel al momento del enamoramiento y selección de pareja.

Atracción y belleza física

Mucho se ha dicho sobre la belleza física y su relación con la atracción amorosa. Aunque nuestra sociedad ha creado estándares de belleza tanto para el hombre como la mujer, en la atracción pareciera no haber reglas de belleza. Lo que para unos es hermoso y atractivo para otros no lo es. Hay cuerpos y caras para todos los gustos. Existe cierta tendencia a pensar que las mujeres y hombres delgados, con alta estatura, serán más exitosos consiguiendo pareja. Los medios de comunicación nos han vendido la idea de que las personas bellas, según los estándares sociales, podrán alcanzar relaciones de pareja más felices y estables. Mi experiencia me indica que esta creencia esta muy lejos de ser real. La atracción en una pareja va más allá de la belleza.

En una pareja la atracción tiene que ver con el deleite de estar con el otro. Es disfrutar del encanto de su compañía, es la magia de absorberse afectivamente para seguirse amando. Todos los sentidos se despiertan. El olfato pasa a ser un canal para el enamoramiento. Se disfruta profundamente del aroma del otro. El olor del compañero parece deleitarnos hasta el éxtasis. No me refiero aquí al aroma de un perfume, hablo del olor natural del amante, del aliento que nos envuelve. No tiene que ver con la razón: el olor de una persona nos atrae o nos repele, nos lleva a acercarnos o a alejarnos sin que haya ninguna razón particular.

Cuando sentimos la atracción por otra persona, nos regocijamos con su voz, con su olor, con la suavidad de su piel. Nos damos la oportunidad de explorar todos los rincones de su cuerpo. Husmeamos cada espacio corporal para producir cada vez más placer. Es un placer que va más allá de lo sexual y de la belleza física. Es una entrega completa.

Algunas de mis pacientes han descrito un amor tan intenso que el deleite de oler al compañero y el de escuchar su voz es el placer que mantiene la atracción viva. La atracción física parece juntarse con todos los otros atractivos que vemos en nuestro amante. La belleza es, entonces, un elemento conectado a algunos otros factores que mantienen la conexión afectiva. La belleza es un elemento subjetivo, el peso, el color de la piel, el tamaño, el tipo de cabello, todo depende de los ojos que lo miren.

Recuerdo gratamente la hermosa relación de pareja de una de mis primas. Ella había tenido sobrepeso toda su vida. Él era un hombre delgado y bien parecido. Muchos pronosticaron que él le sería infiel muy pronto con una mujer más delgada que ella. Pasaron los años y tanto la fidelidad como la cercanía afectiva caracterizaban su relación. El fue su compañero fiel hasta que la muerte se la arrebató, estuvo con ella hasta sus últimos momentos. Actualmente, él cuida de sus hijos y parece vivir conectado y fiel a su recuerdo. Esto para mi ha sido una lección de amor donde la belleza física, de acuerdo a los estándares sociales, sucumbió ante muchos otros lazos afectivos creados a través de una convivencia de amor.

También he conocido muchas parejas que han basado su relación en la mera atracción física. ¿Qué pasa cuando el tiempo transcurre y la belleza se va extinguiendo con los años? Generalmente la relación se deteriora al verse carente de cualquier otra conexión emocional. Vemos entonces que las mujeres acuden a los implantes y cirugías estéticas para retomar la belleza perdida y poder salvar su relación. Todo es inútil. El hombre tarde o temprano consigue una mujer más joven y con mayores atributos físicos y abandona a la pareja. Mi consulta está colmada de mujeres que con cirugías pretenden retener a su hombre. Nada más absurdo. No importa que hagamos, el envejecimiento es indetenible. Vivenciar cada etapa de la vida con alegría y orgullo, incluyendo la de las canas, es parte de la felicidad.

Quiero aclarar que no me opongo a la cirugía estética, en muchos casos nos lleva a sentirnos mejor con nuestros cuerpos y con la manera en que lucimos. Sin embargo, creo que es totalmente tonto basar el éxito de nuestra relación en unos senos reconstruidos o en unas nalgas abombadas con el bisturí. La felicidad no depende de un cuerpo transformado con cirugía. El amor se construye en base al respeto y a la admiración de los que se aman.

Envejecer juntos y amar las arrugas de nuestro compañero es amar con el alma. Es entregarse más allá de lo que nuestros ojos nos muestran, es seguir sintiendo que nuestro cuerpo se estremece sin importar las canas que delatan nuestra edad. En los Estados Unidos tengo la fortuna de observar parejas de ancianos que continúan adorándose aún cuando ya sus cuerpos delatan el peso de los años. Recientemente, en una de mis visitas a una librería muy concurrida en el estado de Nueva York noté la presencia de una pareja alrededor de los 80 años de edad que se aproximaban al área de cafés. Caminaban a un paso muy lento, tomados de la mano, sus ojos reflejaban amor y entrega. Ambos tenían muchas dificultades para movilizarse, sin embargo, se apoyaban el uno al otro para continuar de pie y andando. No entablaban largas conversaciones, sólo parecían deleitarse con la compañía del otro. El amor parecía haberse detenido en el tiempo, en aquellos dos seres con cabello blanco y piel marcada por la experiencia. Es el encanto de un amor que permanece y madura con la edad en dos seres que se comprometen a amarse y quedarse aún en el bamboleo de la vida y la existencia.

Por mi parte, solía quejarme cuando comencé a notar los grises en mi cabello. Hubiera hecho cualquier cosa para no tener que presenciar su aparición. Un día noté que Víctor se entretenía mirando mis canas mientras acariciaba mi cabello. Mi curiosidad femenina casi avergonzada me llevó a preguntarle la razón de la expresión en su cara que no podía descifrar. Confieso que me sorprendió su respuesta: "Tus canas me parecen sensuales y excitantes". Desde ese preciso momento cambió mi perspectiva de lo que representan las canas en mi vida. ¡Ahora son un elemento sensual del cual saco provecho cada vez que puedo!

¡Vestirnos de Blanco!

El altísimo índice de fracasos en las relaciones de pareja y el constante incremento de la tasa de divorcios me han hecho reflexionar no sólo lo que hacemos durante la convivencia de pareja, sino sobre los errores que cometemos al elegir pareja. Creo que muchos de los problemas que enfrentamos en nuestras relaciones amorosas tienen su origen en la escogencia equivocada. Tengo mis dudas de que tratar de enrumbar el camino torcido después de estar con la persona equivocada tenga buenos resultados. ¿Por qué nos empecinamos en la persona equivocada? ¿O es que seleccionamos a la ligera? ¿Será que no pensamos que el matrimonio es un proyecto para el resto de nuestras vidas? ¿Será que seleccionamos pareja basados en patrones o reglas sociales? A continuación discutiremos algunas de estas ideas.

Estoy convencida de que muchas mujeres y hombres, nos embarcamos en el matrimonio por el simple hecho de que ya es tiempo de hacerlo. Porque el reloj biológico nos está avisando que el tiempo de la reproducción se está agotando. La sociedad demanda que las mujeres nos vistamos de blanco y nos reproduzcamos. Recuerdo una paciente de 35 años, que sin tener ni siquiera pareja aún, compró su vestido de novia, lo colgó detrás de la puerta de su cuarto y decidió esperar hasta que llegara el candidato. Después de un año contrajo nupcias con el primer candidato que arribó, obviamente el hombre equivocado. Antes del primer año de casados ya habían decidido divorciarse. Ella parecía estar satisfecha, había logrado su objetivo final, casarse antes de los 40, aunque el tiempo de matrimonio no le alcanzó para procrear un hijo.

Así vemos como muchas parejas invierten el periodo pre-matrimonial exclusivamente en la preparación de un espacio para vivir, compra de muebles, vajillas, etc. Invertimos grandes cantidades de dinero en la organización de una boda, la compra de un vestido de novia y de un tuxedo, contratación de servicios especiales para la velada, etc. Queremos hacer de nuestra boda un momento exclusivo sin percatarnos que la boda es sólo el inicio de una gran jornada de vida para la cual debemos estar listos emocionalemente. Una boda lujosa o simplemente apresurada, por lo general no garantiza que los novios se hayan preparado emocional ni espiritualmente para el tan complejo viaje que se avecina.

El periodo de enamoramiento o pre-nupcial debería ser invertido en hablar sobre planes y metas en común de los novios. Durante este tiempo los novios podrían explorar cuáles son las áreas de acercamiento y las áreas de conflicto. Lo más importante: podrán decidir si verdaderamente esa es la pareja con la que desean vivir el resto de sus vidas y con la cual podrán construir una vida feliz y productiva.

En Estados Unidos está creciendo increíblemente el número de reality shows en televisión donde muestran la ilusión de jóvenes por vivir un cuento de hadas para ser la más bella de las novias ante el altar. Éstas pasan por un largo proceso a través del cual finalmente seleccionan el traje de novia que ellas y sus familiares consideran las harán lucir como princesas el día de su boda. Están dispuestas a gastar miles de dólares en un vestido blanco que utilizarán una sola vez. Tristemente, en muchos casos, entre 6 meses y 2 años después del matrimonio el divorcio ya está haciendo estragos. Es entonces cuando las fotografías del día de la boda son un recuerdo que nadie quiere conservar y el vestido de novia, blanco, costoso, exclusivo, sólo evoca dolorosas memorias.

Como mujer, aprecio la belleza de las novias en el altar pero también he sentido en carne propia la confusión de una mujer que llega a un matrimonio sin preparación. El dolor en el que sucumbimos al enfrentar el fracaso de la relación que habíamos añorado siempre, la frustración de no saber cómo salvar la relación o la desesperación de saber que estamos viviendo una de esos amores que nunca debió empezar. Si tú eres una de esas mujeres, posiblemente encontrarás en las páginas de este libro muchas respuestas que transformarán tu vida.

Cuando contraje nupcias por segunda vez, mi pareja y yo celebramos una modesta boda en casa de mi hermana mayor, al aire libre. Recuerdo que el viento soplaba con un aire decembrino, como relajando los rostros de los pocos invitados que nos honraron con su presencia. No hubo banda musical, ni pista de baile, tampoco vestido blanco pero había gran conciencia de compromiso. No sabíamos si funcionaría pero estábamos dispuestos a hacer todo lo que estuviera en nuestras manos para que así fuera . . . ¡y así ha sido!

El amor es mucho más que un costoso vestido blanco, un baby shower azul rosado, una vajilla para seis. Puedes lanzar todo eso a la basura y todavía te quedará mucho para entregar, un montón para recibir y todo para ser feliz...

Mi Media Naranja

A pesar de que nadie conoce exactamente los elementos que influyen en la atracción amorosa, está claro para muchos que cuando estamos buscando pareja nos sentimos atraídos por personas que gozan de cualidades de las cuales nosotros carecemos. Algunos autores conceptualizan este proceso como una búsqueda en el balance de características psicológicas. Nos sentimos profundamente atraídos por aquellas cualidades que no poseemos, seducidos por esas habilidades que siempre quisimos desarrollar y que, por alguna razón, no florecieron. Admiramos enormemente dichos atributos y a las personas que las poseen. No en vano simbolizamos nuestro amor con la completitud de la naranja, refiriéndonos a la pareja como nuestra media naranja. Al conseguir a la persona que posee los atributos de los cuales nosotros carecemos entonces, sentimos que hemos alcanzado la completitud. ¡La naranja se ha completado, o por lo menos eso creemos!

Durante la etapa de la luna de miel, descrita en el capitulo I, nos regocijamos en esas aptitudes que nos hicieron enamorarnos de nuestros amantes. Si somos tímidos, disfrutamos enormemente de la personalidad extrovertida de nuestra pareja. Estimulamos su risa, sus comentarios y sus intervenciones en público. Si somos estructurados y algo rígidos, nos divertimos con la personalidad artística de nuestra pareja que se entretiene cantando y bailando. Es como si sintiéramos que de alguna manera nos estuviéramos conectando con esa parte interna que nunca tuvimos la oportunidad de desarrollar. En algunas oportunidades ésta es truncada por los mensajes familiares en nuestra infancia.

Todo parece funcionar a la perfección mientras la etapa de la luna de miel y el enamoramiento continúa. ¿Qué pasa con dichos encantos cuando la realidad toca a la puerta? Todas esas cualidades que fueron el encantamiento original y que constituyeron la esencia primordial del enamoramiento pasan a ser uno de los mayores obstáculos para el amor. Llega el momento en que comienzas a desear que tu pareja no fuera tan extrovertido, y comienzas a detestar sus comentarios en público porque te parecen impertinentes más que divertidos. Y tú, que te deleitabas con las aptitudes musicales de tu pareja, que te divertías mientras cantaba y bailaba, deseas ahora que pasara más tiempo en casa contigo en la calidez y quietud del hogar. Y si te sentías segura con tu pareja por sus características protectoras, ahora te parece controlador e insoportablemente dependiente.

Posiblemente, con la finalización de la etapa de la luna de miel sobrevendrá el rechazo abierto a estas cualidades de nuestros amantes y comenzaremos a intentar reprimirlas a costa de lo que sea, como posiblemente hicieron nuestros padres con nosotros, razón por la cual nunca las desarrollamos.

Entonces lo que solíamos llamar nuestra media naranja, lo deja de ser de la noche a la mañana. La completitud que creíamos haber alcanzado fue un simple espejismo. Nunca existió. Por lo que me atrevo a afirmar que ese camino de búsqueda de completitud es totalmente ilusorio. La completitud nunca es alcanzada a través de una pareja. Tu pareja no está contigo para hacerte sentir completa.

¿Qué hacer, pues, cuando el conflicto se origina en los atributos que alguna vez nos unieron a nuestra pareja? Una vez que la fantasía y la magia del enamoramiento desaparece y las verdaderas caras pueden ser contempladas, podría surgir la etapa más larga, más hermosa pero también la más laboriosa, el amor sano y bonito. En esta etapa, como explico en el capítulo I, la aceptación y el respeto son claves fundamentales para el éxito.

Si las cualidades de tu pareja fueron el gancho que una vez te hicieron sentir mariposas en el estómago, bien vale la pena hacer el esfuerzo por reconciliarte con ellas. Promuevo una reconciliación con sus cualidades, principalmente si no hay ninguna otra razón que te aleje de tu pareja, más que el rechazo que sientes por algunas de esas cualidades. Este repudio por ciertos atributos de nuestras parejas, podría tener su origen en las propias historias de vida. Si escudriñáramos en el relato de nuestro pasado, más de uno de nosotros encontraría que esas cualidades fueron coartadas por figuras significativas en nuestra infancia. Eso nos irrita, nos molesta, nos embasura las emociones.

Aunque muchas veces no aceptemos lo que sentimos. Por eso intentamos truncar esas cualidades en nuestras parejas, de la misma manera que lo hicieron con nosotros. Recordemos que aceptarnos es amarnos en la imperfección. No intento convencer a nadie de que nos agraden todas las conductas de nuestras parejas. Eso sería totalmente irrealista. Agradar y aceptar no es lo mismo. Es posible que no nos agrade alguna conducta de nuestra pareja, pero terminamos aceptándola como parte de su ser. En algunos momentos nos irrita, nos molesta, pero no intentamos cambiarla porque sabemos que será inútil: es parte esencial de su personalidad.

Me considero una mujer organizada, posiblemente cualquiera me consideraría cercana a lo obsesiva. Víctor, mi pareja, extremadamente desordenado, se encarga de hacer un nido de desorden en cualquier lugar de la casa que esté, especialmente en su lado de la cama, entiéndase, suelo, mesa de noche y cualquier cosa que esté a su alrededor. Todo está cubierto de libros, fotocopias, bolígrafos, notas, cuadernos, medias, etc. He aprendido a través de los años a tener un rincón de caos en mi casa, su caos, ¿Va a cambiar? No lo creo. He aprendido a apreciar su desorden, porque es íntimamente parte de él. ¡Si no amara su caos, definitivamente no pudiera amarlo a él!

Resolver nuestros propios conflictos y frustraciones le dará paso a una resolución personal que facilitará no sólo que aceptemos los atributos de nuestro compañero sino que los amemos

CAPÍTULO IV

CUANDO ES EL MOMENTO DE DEJARLO IR...

El fin del amor

A TRAVÉS DE LOS siglos los seres humanos hemos aprendido a admirar y a anhelar un amor perpetuo e inagotable. Por eso hemos cultivado la idea de que un verdadero amor todo lo resiste. Deseamos creer que el amor soporta los embates del tiempo, del dolor y del engaño.

La presión de la sociedad por preservar el matrimonio es tal, que hemos crecido con la presunción de que el amor es inagotable y que debemos conservar el matrimonio a costa de lo que sea. Se ha convertido en un valor casi sacramental.

En nuestro diario acontecer, la persona que sufre por amor, es vista de alguna manera, como virtuosa, íntegra. Mientras más se sacrifica por su compañero de vida, más profundo es su amor, o por lo menos así es vista por el resto. Mientras más soporta actos de humillación más es aupada por mantenerse airosa en su relación y por resultar "ganadora". Esa persona es vista como un héroe o una heroína que ha luchado a muerte por salvar su amor. Permítanme informarles que esto no siempre es amor. Casi me atrevería a decir que nunca. Muchas veces es pánico a la soledad, otras veces es temor a enfrentar la sociedad luego de una llamado "fracaso matrimonial". Miedo a perder el reconocimiento social, ganado por años. O simplemente, incapacidad emocional para enfrentar la vida sin el compañero. Podría mencionar muchas otras razones, pero se haría interminable.

El soportar por largos años una relación disfuncional no es prueba de un amor infinito. Es muestra de que algo no nos permite irnos, de que algo nos mantiene atados, pero definitivamente no es el amor. No hay amor en una relación en la cual la pareja se hace daño día a día. No hay amor en la pareja que sueña con algún día ser libre.

Un caso que invadió las noticias en el estado de Nueva York fue el de una madre que al darse cuenta de que su relación de pareja se rompía, le prendió fuego a su esposo, su amante y sus dos hijos. El cuerpo de la madre tomó fuego por accidente y murieron todos sin que nadie pudiera hacer nada. Casos como este son cada vez más comunes en el mundo entero. Siento una gran decepción cuando este tipo de acciones se ejecutan en nombre del amor. No ensuciemos más el sentimiento del amor con la enmascarada miseria humana.

Es innegable que cuando el amor se va, el dolor para la persona que sigue amando es profundo e indescriptible. Entra en las fibras, quiebra el alma, no deja respirar.

No puedes entender qué pasó, quieres razones pero no las consigues. Crees estar viviendo una pesadilla y quisieras despertar. Lo peor es que sigues amando. Comienzas a buscar maneras de salvar lo insalvable, mantienes la esperanza y luchas hasta agotarte. Te preguntas que hiciste o dejaste de hacer. Comienzas a hacer cambios para intentar recuperar su amor. Cualquier sacrificio será poco si lo consigues. No te das cuenta que el desamor no depende de ti o de tu comportamiento. Podrás recuperar a tu pareja momentáneamente pero volverá a irse si no te ama o si la relación se quebró.

Posiblemente resulte muy difícil dejar una relación si aún amas a tu pareja. Pero el amor tiene que ser mutuo, compartido, entre dos. No tiene sentido quedarse en una relación donde sólo una persona ama, el amor no se puede forzar, no se obliga. No tienes que esperar a dejar de amar para dejar la relación. Quedarte ahí es totalmente nocivo. El amor bonito es recíproco. Tienes derecho a que te amen. Si insistes en amar a quien no te ama estás atentando contra tu autoestima, bienestar y paz interior.

Lo difícil y doloroso es que el proceso de recuperación y salto emocional debe darse mientras se está enamorado. La búsqueda de respuestas, el desarrollo de la autoestima, el planteamiento de metas, debe darse mientras los sentimientos por el compañero están presentes. No hay otra forma de hacerlo. No podemos esperar a desenamorarnos para dejar la relación porque moriremos en el camino. Si esperamos el momento del desamor posiblemente nunca nos iremos de esa relación que tanto daño nos hace. He conocido muchas mujeres en los 60 y 70 años, que hubieran deseado dejar a sus parejas muchos años atrás. Ellas se arrepienten de los años perdidos en una relación que nunca las hizo felices, pero que tampoco fueron capaces de abandonar.

Walter Riso señala una metáfora interesante al hablar del desamor y la ruptura. Riso menciona que el drogadicto debe dejar el consumo, pese a que su organismo no quiera hacerlo. Debe pelear contra el impulso porque sabe que no le conviene. Pero mientras lucha y persiste, dice Riso, la apetencia está ahí, quieta y punzante, flotando en su ser, dispuesta a atacar.

Posiblemente, después que abandones esa relación por la cual luchaste y sufriste y comiences a sentirte libre e independiente, te darás cuenta de que lo que sentías no era realmente amor. Serás capaz de examinar tus comportamientos disfuncionales y podrás darle un giro al tipo de relación que puedas establecer en el futuro. Mientras tanto, el dolor y la tristeza por la pérdida son profundos pero superables.

Una de las grandes lecciones que aprendí de mi primer matrimonio, entre algunas otras, fue que el amor no se obliga, el amor se siente o no se siente. Aprendí que no tiene sentido obligar a nadie a aceptar tu compañía porque tarde o temprano escaparán de ti. Si tienen que mentir, engañar, esconderse, lo harán para huir de tu compañía.

Las personas que son incapaces de romper una relación a pesar de ser disfuncional, podrían estar enfrentando un gran miedo al abandono y a la soledad. O como ya expliqué anteriormente, podrían tener un gran temor a enfrentar la presión social o el fracaso. Si eres la persona que está dejando de amar, intenta salvar lo que queda. Disfruta de tu pareja, de los detalles, de su compañía, de sus silencios. Trabaja con tu pareja en función de salvar el amor que todavía los une, si ambos creen que vale la pena. Si aún así sientes que el amor se esfuma, sólo acepta que el amor se acaba, y que el tuyo llegó a su fin.

Muchos de los matrimonios que asisten a mi consulta llegan porque uno o ambos miembros de la pareja no saben cómo decir adiós. Saben que ha llegado el momento, que la relación está fracturada y no hay más nada que hacer. Sin embargo, no quieren enfrentar el momento solos, o quizá quieren hacerlo con el menor dolor posible para la otra persona. No se dan cuenta que el dolor es inevitable. Aún en terapia, algún miembro de la pareja se resiste a romper, se niega a entender que el otro no desea permanecer en la relación, que desea irse. Es cuando la ruptura se hace más difícil, complicada y dolorosa. Me confieso creyente firme del amor y de la convivencia en pareja. Sin embargo, también creo que debemos aprender a dejar ir a nuestro compañero cuando ya no hay nada que nos una. Creo que es saludable decir adiós cuando es más grande el sufrimiento que la felicidad de estar juntos. Luego de luchar por un amor insalvable, decir adiós en el momento preciso es amar más profundamente que quedarse para sufrir.

Qué pasa cuando NO sabemos decir adiós.

Para los que hemos amado con obsesión y ha llegado el momento de decir adiós a nuestra obsesión el sufrimiento sirve como nuestra última conexión con esa relación. El sufrimiento mantiene la relación viva emocionalmente, aunque físicamente esté muerta. El sufrimiento nos mantiene atados a ese falso amor y finalmente nos posibilita quedarnos entrampados en nuestras dependencias.

Si forzamos la relación a perpetuarse cuando el amor ha muerto, estamos forzando el camino natural de ese amor. Estamos intentando doblegar un sentimiento y el curso de un idilio. El resultado no puede ser más que caos, resentimiento y frustración. Comienzan entonces las llamadas crisis de pareja o crisis matrimoniales. Algunas de estas crisis se prolongan, se hacen complejas y hasta peligrosas. Pudiendo, en algunos casos, hasta llegar a la violencia física y a la muerte de algunos de los miembros de la pareja y/o de los hijos.

En el más inofensivo y común de los casos, alguno de los miembros de la pareja comienza a vivir en un mundo de mentiras. Mentir es la única manera de seguir manteniendo la relación de la cual no ha podido deshacerse y vivir al mismo tiempo la vida que desea. Mentir es la única forma de tener vidas paralelas.

La mentira, en cualquier familia, produce tensión, estrés, desconfianza. La mentira distancia a los miembros de la pareja y a la familia. Cada persona se convierte en espía. Se sospecha de todo, no se cree en nadie, ni siquiera en los momentos cuando se dice la verdad. La imagen del otro de debilita. Muy posiblemente comience una búsqueda delirante por saber la verdad. Sobre este tema hablaré más adelante.

Por otro lado, la infidelidad se convierte en el pan de cada día. La insatisfacción en la pareja y el vacío emocional podrían dar origen a la búsqueda de experiencias extramaritales. Tantas emociones displacenteras en el hogar dan como resultado una cacería de amoríos callejeros. Cuando la pareja se percata de la infidelidad, el dolor es profundo. La brecha que se abre es, muchas veces, insalvable. La herida que causa una pareja infiel es como un cuchillo clavado en el corazón. Es el dolor de la mentira, la deslealtad, más la sensación de abandono.

Otra de las situaciones que comúnmente vemos en las parejas que no saben decir adiós, es la presencia de agresión verbal, física y emocional. La postergación de una ruptura podría traer como consecuencia altos niveles de frustración y ansiedad. La acumulación de estos niveles de frustración en personas con bajo auto-control resulta ser una bomba de tiempo. Estas personas terminan lanzándose con furia contra la persona, que ellos creen, es la causa, de todas sus frustraciones. Arremeten con agresiones físicas, verbales o abusos emocionales. Harán cualquier cosa con tal de descargar la ira que sienten al no poder alcanzar la vida que por tanto tiempo han deseado. Pueden llegar hasta asesinar o herir gravemente a su pareja en un arrebato de rabia. Las páginas de los periódicos del mundo están atestados de noticias pasionales donde lamentablemente muchos involucrados pierden la vida por no saber dejar la relación a tiempo.

La depresión familiar, incluyendo la depresión de los hijos, es otra de las situaciones más penosas pero más usuales que se ven en terapia de familia. Cuando tratamos de preservar una relación de pareja que ya no funciona, diciéndonos que lo preferimos así para evitarles a los hijos una situación de divorcio, no sabemos lo que decimos. Los niños sabrán procesar y superar su duelo ante una separación o divorcio. Si el divorcio es bien llevado entenderán rápidamente que no han perdido a ninguno de sus padres. Que ellos como hijos no son responsables, en absoluto, de lo que ha sucedido entre sus padres.

Frecuentemente, en relaciones conflictivas largas, los hijos son usados para manipular. Estos son ubicados en el medio del conflicto de pareja como mediadores u observadores de una disputa que no entienden. La mayoría de las veces se producen signos de depresión que deben ser atendidos con rapidez por un especialista. Estos signos comportamentales pueden ser: falta o excesivo apetito, aislamiento, bajo rendimiento escolar, pesadillas, desinterés por amigos y actividades que antes le agradaban, expresión de tristeza en el rostro, llanto frecuente, irritabilidad, quejas de dolor de cabeza y estómago, baja concentración, rasgos de baja autoestima.

No usemos a nuestros hijos como una excusa barata para quedarnos con nuestras cuestionables relaciones de pareja. Cuando nos percatemos que hemos perdido emocionalmente a nuestra pareja, asumamos adultamente la pérdida y enfrentemos el dolor de la separación. No usemos a nuestros hijos como nuestro último recurso.

A continuación procedo a describir, lo que según mi experiencia son los comportamientos más comunes que se observan en las parejas que se niegan a decir adiós.

La frustración y la agresión van de la mano

Cierta sensación de miedo y hasta pánico nos invade cuando notamos la insensibilidad de nuestra pareja ante la desesperación que mostramos por reconquistarlo. Cualquier cosa que hacemos resulta inútil. Acudimos entonces a la más desesperada de las conductas: el acorralamiento y la agresión. Este comportamiento aparece cuando la desesperación por no poder retener el amor perdido produce un disparo de conductas fuera de control. Éstas tienen como objetivo castigar verbal o físicamente a quien no podemos tener. En algunas ocasiones buscamos volcar todo el desengaño sobre el objeto de nuestro dolor.

De niños aprendemos que cuando nuestros comportamientos no resultan y la frustración llega a los niveles más altos, las pataletas son, definitivamente, una alternativa útil. Las pataletas no son otra cosa que un cargamento de conductas llenas de frustración, agresión verbal y hasta física cuando ya nada ha resultado. Cuando crecemos sólo repetimos pataletas al estilo adulto.

Las personas con pobre auto-control tienden a emitir conductas destructivas para tener más poder sobre el compañero. Al hacerlo abren más heridas y sólo consiguen que la relación se apague más rápidamente. Es por eso que los reportes de violencia doméstica han aumentado drásticamente en los últimos años a nivel mundial. Igualmente, el número de muertes en manos de las parejas legales o de algún amante está creciendo indetenidamente.

Un suceso muy comentado en las noticias de los Estados Unidos fue el caso de una mujer que luego de una conflictiva separación de su esposo, persiguió y asesinó a la amante de su esposo quien contaba con 7 meses de embarazo. La asesinó en su propia casa, con un arma blanca, la apuñaló tantas veces hasta que la víctima murió desangrada. Muerte, destrucción, violencia, ¿En nombre del amor? ¿No hubiera sido preferible decir adiós y permitir que cada persona hubiera tenido la libertad de decidir qué camino tomar? ¡Qué hermoso hubiera sido darle la posibilidad de venir al mundo a ese niño que nunca nació!

Las personas que no se atreven a agredir físicamente, acuden al abuso verbal y emocional tratando equivocadamente de despertar un amor que ellos esperan que sólo esté dormido. Pero se abren más heridas sobre un amor ya desvanecido. Gritos, ofensas y agravios que en momentos de desesperanza se usan para intentar recuperar de alguna forma al amado. Todo es infructuoso, todo ha terminado. Es tiempo de dejarlo ir.

En los casos más dramáticos y tristes alguno de los padres llega a arrebatarles la vida a sus hijos sea por venganza, frustración o cualquier razón inexplicable. Es el caso muy comentado de una madre que luego de tener una relación de pareja tormentosa, se lanzó en su carro con sus 3 hijos al río Hudson del estado de Nueva York, incluyendo su niña menor de 11 meses. Sólo su hijo mayor de 11 años de edad sobrevivió aunque según su relato, su madre intentó desesperadamente no dejarlo escapar.

Espionaje y persecución

Otras nos volvemos expertas en espionaje. Un espía del FBI o de la CIA se quedaría atónito ante las estrategias desarrolladas por una mujer en busca de pruebas de que su hombre tiene una relación extra-marital. Fue mucho lo que aprendí sobre estrategias de espionaje y persecución de mis pacientes durante mis consultas. Desde los típicos mensajes de texto, correos electrónicos, hasta lograr conseguir ilícitamente reportes de llamadas telefónicas de la compañía de teléfonos celulares.

Algunas de mis pacientes desarrollaban estrategias para jaquear claves de computadoras y teléfonos celulares. Nunca perdí mi capacidad de asombro ante tal creatividad femenina. Mientas más tecnología se desarrolla hombres y mujeres creamos técnicas de espionaje más complejas para descubrir las infidelidades de nuestras parejas.

Siempre sentí inquietud por explorar las razones que tenían mis pacientes para invertir tiempo y esfuerzo en espiar a sus parejas. ¿Sería para aumentar su sufrimiento? ¿O para confirmar su hipótesis de ser mujeres engañadas y no amadas? ¿O podría ser para tomar el último aliento y recuperar fuerzas para poder abandonar la relación? por momentos tuve la esperanza de que ésta última fuera la razón. Sin embargo, mis años trabajando en psicología clínica me enseñó que el 95% de mujeres que descubrió que su pareja estaba teniendo otro amorío no abandonó su relación en esa ocasión.

Las parejas famosas de Hollywood no se escapan de tan desafortunadas situaciones. Es el caso de la famosa actriz y ganadora del Oscar por mejor actuación en 2010, Sandra Bullock y su esposo Jesse James. Casados por 5 años, con un aparente feliz matrimonio. Sorpresivamente Sandra descubre que su esposo le ha sido infiel por acerca de un año con una conocida modelo. Aparentemente, Sandra localiza románticos mensajes de texto que habían sido enviados por su esposo para la modelo. De forma admirable para muchos, Sandra Bullock es una de las pocas mujeres que ha decidido introducir su petición de divorcio inmediatamente después de descubrir el acto de infidelidad por parte de su esposo.

La esperanza puesta en los videntes

Cuando las técnicas de seducción y persecución con las que contamos no nos funcionan comenzamos a sentir que ya no tenemos el control. Sentimos que la relación se nos escapa como agua entre los dedos sin poder hacer nada. Entramos nuevamente en un momento de desesperación. Las personas abiertas a ciertas creencias vislumbran una salida, una esperanza: lo sobrenatural. Consultan, entonces, con aquello que creen todopoderoso o misterioso. Acuden pues a los videntes, orientadores espirituales o a los que muchos llaman brujos. Las cartas, el tarot, la lectura del tabaco, la borra del café y las líneas de la mano, sin contar con los famosos trabajos de brujería, los cuales se convierten en las maniobras preferidas para recuperar la pareja.

Para las mujeres creyentes en estos rituales ésta es una puerta abierta, una esperanza, una estrategia que les dará respuestas y les devolverá el amor perdido. Muchas personas, sean mujeres u hombres llegan a usar diversas esencias para la atraer a la pareja, llegando al uso de hierbas y pólvora para la limpieza del hogar de las malas influencias. Hay una gran inversión de dinero, tiempo y esfuerzo en estas tácticas porque se cree que lo sobrenatural tiene mayor control sobre el ser humano que el humano mismo.

Durante las primeras consultas a los videntes, la esperanza y las expectativas por la reconciliación crecen. Los videntes son diestros leyendo las necesidades emocionales de sus clientes. Se aseguran, por tanto, de ofrecerles exactamente lo que ellos desean. Les dicen lo que las personas desean escuchar o el cliente termina acomodando lo que oye a sus deseos e interpreta todo a su favor.

Otra opción muy popular entre la clase media y media-alta es la consulta con el zodíaco y las cartas astrales. Cualquier táctica que nos permita vislumbrar algún detalle del futuro vale la pena. Conocer si la carta astral muestra alguna afinidad entre los signos zodiacales y nos proyecta juntos en el futuro es una tentación que pocos rechazamos. Igualmente, buscar cierta certeza en el horóscopo cuando todo es incertidumbre proporciona tremenda sensación de tranquilidad a quienes deciden creer en el zodíaco.

Finalmente, cuando un consultor espiritual fracasa, se recurre a otro. Cuando una técnica no resulta, inmediatamente se acude a la siguiente con tal de recuperar el amor perdido.

Luego de dar tumbos entre consulta y consulta, entre adivino y adivino, el interesado comienza a percatarse que los resultados de su travesía en el mundo de lo sobrenatural han sido nulos. Así que acompaña esta búsqueda de una gran sensación de angustia, impotencia y hasta de síntomas de depresión si no deja ir a su pareja de una vez por todas.

De la depresión a la lástima.

Cuando la ruptura de pareja tiene lugar, el duelo por la pérdida de la persona amada se inicia. Las emociones de tristeza, rabia y angustia están a flor de piel. El dolor por la ausencia del otro, muchas veces parece insuperable. En algunos casos, no pasará mucho tiempo para que alguno de los miembros de la pareja, usualmente el que desea mantener la relación, comience a tener señales de un cuadro depresivo. Generalmente no son cuadros depresivos prolongados, aunque deben ser tratados con cuidado. Son depresiones causadas por una circunstancia externa al individuo, en este caso, la separación de su pareja. No hay ninguna causa orgánica o genética que lo determine, lo cual hace el tratamiento más sencillo. Los síntomas más importantes que nos indica que un cuadro depresivo se está iniciando son los siguientes:

- Cambio en los patrones de alimentación. Pérdida o exceso de apetito.
- Tristeza excesiva.
- Desgano, apatía.
- Disturbios en el sueño. Insomnio o necesidad de dormir más tiempo de lo normal.
- Problemas de memoria y concentración.
- Sentimientos de culpabilidad.
- Aparición de pensamientos suicidas.
- Disminución de energía o cansancio injustificado.

Es importante que toda persona pueda identificar estas señales y obtener ayuda terapéutica lo más pronto posible. De lo contrario, las condiciones emocionales del deprimido podrían deteriorarse aún más y llegar a limitar notoriamente su vida funcional.

Nos asombra ver muchas veces a las parejas utilizando este difícil periodo depresivo como un signo de debilidad para aparecer ante el otro como víctima. Una vez que el que ha sido abandonado se muestra como víctima el otro no le quedará más remedio que asumir el rol de perpetrador.

La posición de víctima busca inspirar cualquier tipo de emoción en la pareja que le impida irse, principalmente lástima. Su papel de víctima desea conectarse con un sentimiento que aunque sea por lástima lo presione a permanecer en la relación. El objetivo final es no dejarlo ir.

En algunas parejas la lástima pudiera tener los resultados esperados, por lo menos momentáneamente. En otras palabras, por lástima algunas personas que todavía guardan algún tipo de afecto—pero no amor por su pareja—podrían decidir quedarse en la relación por evitar el sufrimiento de su compañera. He visto en terapia muchas parejas en las cuales el hombre decide quedarse en la relación por temor a que su abandono cause un daño irreparable. Esto sucede principalmente en las parejas donde la mujer ha amenazado con hacerse daño si el matrimonio se rompe. O en las parejas donde el cuadro depresivo del que ama es muy severo.

Mis queridos lectores, por mi consulta han desfilado gran cantidad de personas que permanecieron en una relación por compasión, por lo menos temporalmente, mientras toleraron la convivencia. Mi experiencia revela que en éstas circunstancias la relación se hace aún más infeliz, intolerable. La admiración por el otro se esfuma. La lástima corroe todas las interconexiones de la relación. Los lazos afectivos, ya debilitados, tienden a hacerse aún más frágiles. La coexistencia carece de armonía y respeto. ¿De qué vale retener a tu pareja a la fuerza? ¿Para qué retener a tu pareja usando la lástima si ya no hay amor?

La lástima no logra prolongar la relación por mucho tiempo. Al final, la pareja debe enfrentar el hecho de que el amor se terminó y que no hay razón para permanecer juntos.

Manipulación: Hijos-Dinero-Bienes

Otra de las estrategias más comunes para intentar sabotear el proceso natural de una ruptura de pareja es la manipulación con los hijos y/o bienes. Si tus estás en esta situación evalúa con detenimiento cómo has manipulado a tu pareja y cómo has usado a tus hijos (si los tienes), el dinero y los bienes para obstaculizar la separación. O si has estado en la posición de ser manipulado.

Desafortunadamente, son muchas las historias de los niños que han participado activamente en el divorcio de sus padres como si ellos fueran un integrante más de la relación de pareja. Quiero hacer énfasis a través de estas páginas que los hijos nacen de la pareja pero no son parte de ésta. No necesitan explicaciones detalladas de lo que pasa con la pareja. Ellos urgen de una relación sana con mamá y papá. Lamentablemente, he visto a muchos padres buscando la opinión de los niños acerca de los conflictos de pareja, porque de antemano saben que el niño se pronunciará por la permanencia de la relación. Por mucho que los hijos sufran, ellos desearían ver a sus padres juntos y felices.

Susana y Jorge vinieron a mis sesiones de terapia de pareja debido a que Jorge había perdido todo interés afectivo y sexual por Susana. Además, estaba teniendo un apasionado romance con una chica mucho más joven que él. Cuando asistieron a la primera sesión ya habían sostenido una sesión de familia durante la cual habían compartido con sus cuatro hijos adolescentes lo que estaba pasando. Asimismo, Jorge les había contado a sus hijos todas las relaciones extramatrimoniales que había tenido hasta el momento. No es difícil suponer que los hijos comenzaron a alentar una reconciliación ya casi imposible. Susana se encargó de manipular a sus hijos en su favor y en contra de su padre. Surgieron a la vez inconvenientes serios al tratar de mantener los límites entre los hijos y la pareja. Los hijos se volcaron en contra del padre y a favor de Susana. Jorge perdió el poder y control sobre sus hijos, quienes se le rebelaron. Ya esos límites habían sido violentados repetidamente.

Por otra parte, los tribunales y las cortes del mundo están abarrotadas de demandas donde los padres (este es el caso más común) solicitan el derecho negado a visitar a sus hijos. Muchas mujeres castigan a sus parejas por haberlas abandonado con la maniobra de no permitirles ver a sus hijos. Les niegan a los niños la posibilidad de tener una relación saludable y constructiva con su padre. La madre no se percata de que no podrá destruir ese vínculo padre-hijo aunque lo intente. La madre comienza a condicionar el contacto padre-hijo al apoyo económico que el padre proporciona, en otras palabras, si el padre le proporciona el apoyo económico al hijo que la madre espera entonces tendrá derecho a visitarlo, de lo contrario perderá su derecho. Este es un derecho que legal y emocionalmente el padre tiene, al menos que sea restringido por algún delito u ofensa grave.

¿Por qué insistimos en divorciar a los hijos de los padres cuando es la relación esposo-esposa la que se rompe, no la relación padre-hijo? La idea de que la relación padre-hijo debe permanecer intacta durante el proceso de divorcio parece ser una idea muy sencilla de entender pero muy difícil de llevar a la realidad. Los hijos son un recurso poderoso y muy fácil de usar en contra de los padres. Sabemos que los hijos ejercen una influencia emocional incalculable sobre su progenitor y cualquier cosa que haga daño puede ser usado con el fin de manipular en momentos de crisis. Lamentablemente, en esta ocasión estamos hablando de seres humanos a los que amamos y a los que haremos un daño emocional irreparable si no nos detenemos a tiempo.

Quiero enfatizar rotundamente y sin lugar a dudas, que no hay ninguna razón para involucrar a nuestros hijos en los conflictos maritales. Hacemos mucho daño a nuestros niños al intentar ponerlos a jugar un rol a nuestro favor. Conocemos de nuestra influencia en los niños, ¿Qué mejor manera de llegar a su padre sino es a través de los hijos? ¡Estamos cometiendo un gran error! Son inmensas las heridas emocionales causadas a nuestros hijos por su participación en una ruptura de pareja que no les compete. Se les notifica, más no se les solicita permiso para romper.

La separación de bienes es otra posible guerra sangrienta que se entabla cuando existe una separación. En cuanto se asoma la idea de un rompimiento, el castigo con despojar al otro de todos los bienes y de cuanto dinero haya disponible es el objetivo. Sancionar al que se va con lo que más le duele constituye el objetivo de vida. Algunas veces por intentar retener a la pareja se hacen manejos legales escabrosos que pudiera perjudicarlo. La idea es que cambie su opinión o sencillamente castigarlo lo más duro que se pueda. ¡La venganza es dulce!

La respuesta de algunas parejas es cambiar todo lo que poseían por la libertad. No negocian, no se dejan manipular. Dejan todo atrás y abandonan la relación porque lo único que desean es su libertad.

Seducción

Hombres y mujeres despliegan diferentes formas de seducción al olerse el peligro de perder sus parejas. La seducción ha sido siempre una de las armas de conquista preferidas para atraer al sexo opuesto. Es natural, es instintivo, lo vemos en el apareamiento de los animales, aunque de una manera menos compleja. Es uno de los métodos más divinos y hermosos de conquista ya que generalmente le sigue el encuentro amoroso de dos seres, si ambos lo acuerdan. Sin embargo, la seducción de la que hablo aquí es producto de la desesperación y el empeño absurdo por tratar de salvar una relación que ya está perdida.

La idea de cautivar a la otra persona no es mala en sí misma. El problema es que la seducción aquí es usada en el momento equivocado.

Este galanteo es desplegado cuando se ha perdido todo interés, la otra persona está lista para partir, no para ser seducida ni conquistada.

A pesar de recibir claras señales de que la relación ha terminado, algunos esperanzados, deciden insistir con el coqueteo en un afán por recuperar el amor de su compañero. El mensaje es, "A pesar de todo, quiero continuar lo nuestro". Entonces, se usan los mismos detalles de seducción que inicialmente funcionaron para enamorar a la pareja, quizá con mucha más intensidad. Es una manera de decirle: "No me resigno a que me dejes de amar", "No me resigno a perderte".

En el caso de las mujeres, usamos más el atractivo físico para esta conquista. Si hemos aumentado de peso durante el matrimonio o la relación, entonces es el momento de bajar esos kilitos de más. Las dietas y los ejercicios forman parte de nuestras rutinas. Nos dedicamos a vestir ropa más sensual, especialmente la que a él siempre le agradó. Nuestro cabello luce siempre como salido del salón de belleza. Y caminamos con una sensual cadencia.

Las mujeres que van a los extremos, que sorpresivamente no son pocas, deciden someterse al bisturí. Hay las que se aumentan los senos, se reducen la cintura, se aumentan las nalgas, se aplanan las barriguitas y pare usted de contar. Único objetivo: recuperar el amor perdido.

Si ya el amor se ha esfumado, el error es no darnos cuenta que el afecto va más allá de la belleza y la atracción física. Tongonearnos podría atraer a nuestras parejas sexualmente pero nunca lograremos que nos amen nuevamente. Muchas son las mujeres que he visto recorrer los quirófanos, con la idea de reconquistar a su amado y finalizan con los papeles de divorcio en la mano un poco después del post-operatorio.

Entrando a las técnicas seductoras masculinas, el hombre, al verse perdido, se convierte en la pareja galante que nunca fue. Cenas románticas, regalos costosos, cartas de amor, ramos de flores. Con el avance tecnológico de las comunicaciones, los hombres consolidan sus estrategias de galanteo. Los mensajes de texto y los correos electrónicos pasan a ser el medio de conquista más usado, sea enviando insinuaciones sexuales o mensajes románticos. Otros menos tímidos prefieren las redes sociales y Blackberries.

Desafortunadamente, el resultado de la seducción siempre es el mismo cuando el amor se ha ido: nulo. Cuando la ruptura es un hecho, estos métodos de galanteo se convierten en una forma testaruda de intentar prolongar lo improlongable.

Apoyo fervientemente cualquier esfuerzo que se realice a favor de recuperar una relación en problemas. Aplaudo cualquier paso que se tome en dirección a consolidar un amor, mientras exista un compromiso de ambos para continuar juntos. Una vez que el compromiso emocional se rompe y la motivación es la búsqueda de nuevos caminos, la seducción y el coqueteo es la estrategia equivocada. Déjalo ir aunque el dolor te desgarre.

¿Cómo saber que llegó el momento de decir adiós?

Quisiera ofrecerte una respuesta simple a esta pregunta, sin embargo, el mundo de la pareja es tan singular y complejo que sería sumamente arriesgado indicarte un solo camino a seguir, cuando podría haber múltiples sendas que te lleven al mismo desenlace.

Saber cuándo es el momento para partir es algo que inquieta a muchos. La idea del amor inagotable o eterno nos impulsa a continuar intentando una deprimente conquista de antemano perdida. Seguimos golpeándonos contra una pared una y otra vez hasta terminar sangrando, moribundos. Nos levantamos y pretendemos proseguir con el mismo plan de seducción para finalizar casi muertos, una vez más. ¡Haré lo que sea necesario para salvar nuestro amor! ¡Nuestro amor merece todo mi esfuerzo! ¡Yo sé que me ama, pero en este momento no lo puede ver!

La idea aquí no es fomentar el rompimiento de pareja ni mucho menos el divorcio. Por el contrario, este libro tiene como objetivo salvar cuanta pareja sea posible. Intento, con firmeza, impulsar la estabilidad de las relaciones de amor, pero no sólo por el tiempo que permanecen juntos, sino por la felicidad y el amor que pueden ser capaces de construir. Si una pareja permanece junta pero sus miembros no son capaces de vivir en armonía y crecer juntos en el respeto y en el amor, entonces creo que deben darle paso a otro tipo de relación que sí pueda asumir el compromiso de amar bonito.

Muchas relaciones atraviesan por crisis desgastadoras, agobiantes, llegando algunas al punto de la separación temporal. Sin embargo, por alguna razón la llama del amor y el respeto se mantiene encendida y el compromiso emocional de seguir luchando no se rompe por completo.

En estos casos los amantes afrontan los conflictos, trabajan juntos, restablecen el vínculo afectivo que había sido debilitado.

El problema se presenta cuando una relación ha atravesado tan serios y profundos conflictos que todos los lazos que los habían unido hasta el momento han desaparecido o están seriamente debilitados. Los lazos como la admiración, el respeto, la aceptación y el compromiso emocional han sido devastados por el largo historial de conflictos, las heridas abiertas, el dolor de la traición y el desvanecimiento del amor.

A continuación describo las situaciones críticas en las que la opción del rompimiento debería ser considerada como primera opción. Obviamente, siempre tomando en cuenta las experiencias y características particulares de cada pareja. El sufrimiento y las heridas abiertas deben ser evaluados por cada miembro de la pareja para decidir si quedarse con el fin darle a ese amor otra oportunidad, o alejarse para otorgarse una nueva oportunidad de vida por separado.

Infidelidad: Para las parejas que han reincidido en traiciones e infidelidades, recuperar la confianza se convierte en un objetivo cuesta arriba. La infidelidad es una de las heridas más difíciles de sanar ya que le da un golpe duro a la confianza, le abre una herida sangrante a la autoestima, y crea una seria duda sobre la autenticidad del amor. Aunque después que un hecho de infidelidad la pareja pudiera continuar la relación, es muy posible que la armonía, el respeto, y la admiración se resientan profundamente. Justo cuando todos estos factores fundamentales para la mantener la paz y la felicidad se quebrantan la relación se tambalea fuertemente. Para la persona víctima de infidelidad, volver a confiar es una tarea supremamente engorrosa. El dolor y la ira supera cualquier afecto que reste. Las interacciones diarias están marcadas por la rabia de haber sido traicionado.

Aun cuando la pareja decide seguirse amando a través del perdón, si la infidelidad se hace cíclica, luego de un largo proceso dolor y perdón sobreviene nuevamente una nueva traición. Entonces perdonar se hace todavía más difícil. En caso de que la pareja fuera capaz de alcanzar el perdón una y otra vez, esto se convertiría en una repetición enfermiza. La infidelidad involucra engaño, irrespeto, mentiras, traición, desconfianza, por tal razón destruye poco a poco la relación. Es el cáncer de la relación. Destruye en silencio.

Recientemente, en el mundo de la psicoterapia se está hablando de una nueva adicción: adicción al sexo, la cual profundizaré más adelante. Ciertamente existe una patología de adicción al sexo, sin embargo, los que caen bajo este diagnóstico son un muy bajo porcentaje de personas. Actualmente, nos quieren hacer ver, a través de los medios, que cualquier persona con dificultades para ser fiel es patológicamente adicta al sexo. Ésta es una excusa de muchos para justificar su incapacidad para comprometerse emocionalmente con sus parejas.

Si eres de esas personas que se encuentra atrapada en un ciclo enfermizo de infidelidad, podrías continuar repitiendo el ciclo de infidelidad por el resto de tu vida padeciendo y sufriendo o decidir dar el salto de liberación para darte la oportunidad de construir plena felicidad, ¡ahora es sólo tu decisión!

Los "amores" altamente dañinos son aquellos que nos persiguen, nos agreden, nos mienten, nos engañan o nos abusan. ¡Si nos quedamos en esa relación dañina es a nuestro propio riesgo! Si nos vamos, será una difícil partida pero al final tendremos la sensación de que hemos vuelto a nacer...

Pérdida de respeto y admiración: Las interacciones diarias en una pareja requieren de un alto nivel de aceptación y una efectiva capacidad de resolución de conflictos. Si la pareja acumula años y años de no aceptación y de conflictos no resueltos, la convivencia se transforma en un tormento de la que ambos desean alejarse. Pequeñas peleas se convierten en monumentales combates por la imposibilidad de manejar enfrentamientos. La crítica continua va mermando el respeto y el afecto que pudo haber existido al principio de la relación. Verse cuestionados a toda hora los hace sentir encarcelados en su propia casa. El hogar, que alguna vez fue lugar de armonía y tranquilidad, pasa a ser una sala de corte donde el veredicto siempre es de condena.

La búsqueda por la pareja ideal continúa, sin invertir ni un segundo en tratar de construir la felicidad con la pareja con la que comparten la cama. La admiración por sus cualidades, por tanto, se extingue porque ya no se notan. Hasta las cualidades que solían ser un encanto huelen mal. Ahora nada los une.

La autoestima de ambos se resiente profundamente ya que al mirarse en el espejo surge la pregunta, ¿Será que de verdad tengo los problemas que mi pareja dice que tengo? ¿Será posible que yo ahora tenga semejantes problemas? ¡De verdad que soy un verdadero caos! Si la pareja ha permanecido por largo tiempo en este enfermizo círculo y no le ha sido posible sanarse o sencillamente todo lo que ha intentado no ha tenido resultado positivo, ya es hora entonces de curar ese cáncer. Es el momento de decidir, ¿la relación o tú? O continúas viviendo una vida llena de ridículos cuestionamientos o te abres a la posibilidad de una vida diferente. No voy a negar que es necesario ser valiente para mirar descarnadamente nuestro interior y darnos cuenta que no queda nada por lo cual luchar y que es hora de partir.

Historia de violencia verbal y física: muchas familias sufren el horror de vivir la más aterradora experiencia al enfrentar actos de violencia física y/o verbal por parte de uno de los miembros de la familia. Generalmente es la mujer la que resulta víctima de violencia por parte de su pareja ya que por razones culturales e históricas el hombre es visto como poseedor de un poderío superior al de la mujer. La mujer es vista con un rol sumiso y dependiente de la fuerza que ejerce el abusador.

Lamentablemente, la violencia tiene un carácter cíclico, en otras palabras, se da el acto violento, se produce el arrepentimiento, viene un periodo de calma y luego sobreviene el acto violento de nuevo. Detener el sufrimiento y el peligro de la violencia en la pareja es cuesta arriba, a menos que ambos miembros asistan a tratamiento especializado en violencia familiar, individual y de grupo. Muchas veces, a pesar del tratamiento, el nivel de recuperación es bastante bajo, si la pareja permanece unida.

El objetivo del acto agresivo es tener mayor control sobre la pareja. La familia, víctima de violencia, es una familia enferma, necesita ayuda. Si no es posible romper el ciclo de violencia manteniendo la relación, es necesario considerar la ruptura para garantizar la seguridad física de la pareja y los hijos.

La violencia doméstica por lo general no viene sola. Comúnmente se presenta en las personas que consumen alcohol y/o drogas o que sufren de algún problema mental. No estoy afirmando de ninguna manera que la violencia es causada por estos factores, sólo estoy indicando que las estadísticas muestran que estos elementos generalmente se presentan al mismo tiempo.

En un 98%, la mujer es la víctima de violencia doméstica, pero es también ésta la que se queda en la relación por años, a pesar de ser sometida al abuso. La mujer por lo general tiene a su vez una historia de abuso o abandono en su infancia. Ella se encuentra atrapada tristemente en un ciclo de miedos y maltratos del cual le es muy difícil escapar. Necesita intensiva psicoterapia y grupos de apoyo para que pueda dar el salto fuera del ciclo de violencia. ¡Si este es tu caso, busca ayuda ya!

También es importante que si convives en una pareja violenta o excesivamente dominante, consideres lo siguiente:

En el momento en que decidas abandonar tu relación debes tomar todas las previsiones necesarias para estar fuera del alcance de tu pareja. ¡NO SUBESTIMES SU CAPACIDAD PARA ENCONTRARTE Y HACERTE DAÑO!

Parejas adictas: algunas mujeres sienten una atracción irresistible por hombres que necesitan ayuda o necesitan ser salvados. Es el caso particular de los hombres que sufren de adicciones como el alcohol, drogas, juego, sexo, etc. En estas situaciones el hombre aparece como un ser indefenso en las garras de un flagelo y que necesita con urgencia el apoyo de alguien que lo ame y lo cambie para el resto de su vida. La autora Robin Norwood describe muy bien este síndrome como "las mujeres que aman demasiado". Norwood describe a estas mujeres como adictas al dolor emocional y a los hombres necesitados. La mujer que ama de esta forma siente que casi ninguna cosa es demasiado difícil o costosa si "ayuda" al hombre con el que está involucrada. Está dispuesta a aguantar, esperar, esforzarse, con tal de complacer a su hombre. Tristemente, lo único que recibe de su hombre es maltrato, desprecio y desamor.

La realidad es que las personas con algún tipo de adicción no están listas para enfrentar sanamente una relación de pareja. Necesitan resolver su problema adictivo primero para poder vivir armoniosamente en pareja. De lo contrario le ocasionan mucho daño a la pareja, ya que su primera necesidad es saciar su adicción.

Quien convive con personas adictivas son personas co-dependientes. Estas personas co-dependientes viven la vida a través de su pareja a costa de sus legítimas necesidades. Por ayudar al otro se autodestruyen hasta el punto de no quedar nada de ellas. Es un hambre desordenada de amor y aceptación. El hombre se convierte en su medidor emocional, su radar, sus sentimientos son generados por él. El objetivo de vida de estas mujeres es enderezar la vida de sus maridos y se olvidan de cultivar las propias.

Robin Norwood sostiene que estas mujeres ignoran la obligación de desarrollarse mientras planean, maniobran y manipulan para cambiar a otro. Además, se enfadan y deprimen cuando sus esfuerzos fracasan. El intentar cambiar a otra persona es frustrante y deprimente, pero el ejercer ese poder para cambiar la propia vida es vivificante.

Así van viviendo ciclos, años tras años tratando de cambiar y salvar a las parejas cuando muchas veces ellos ni siquiera quieren ser salvados. Las que realmente necesitan ayuda son las personas que persisten tercamente en salvar al adicto.

Elena Poniatowska en su libro *Mi Querido Diego*, nos ofrece un dramático relato que tiene lugar en el París de la postguerra. Angelina le escribe cartas tristes de amor y dolor a su esposo a quien no pudo acompañar en su retorno a México. Angelina escribe estas cartas de dolor por un amor que agoniza en el olvido. Angelina muestra crudamente la co-dependencia en sus cartas de amor, en las que afirma que lo que le duele es pensar que ya él no la necesita. Él, Diego que solía gritar su nombre como quien se ahoga y pide que le echen un salvavidas.

En estas mismas cartas imaginarias Poniatowska le da forma a su personaje, Angelina, en una de sus cartas, cuando ésta le escribe a su Diego lo siguiente:

"Mi valor lo determina el valor que me tengas y existo para los demás en la medida en que tú me quieras."

Es esta indudablemente una poética representación de un amor adictivo y enfermizo.

Entrando en otra área de comportamientos adictivos procedo a explicar un trastorno muy popular en estos tiempos. Es el caso de la adicción sexual tan comentada y difundida últimamente por los medios. Los sexólogos no han llegado aún a un consenso con respecto al diagnóstico de esta adicción, además de haber sido, hasta ahora, mal interpretada, con intención o no, por la sociedad entera. Brevemente, el hombre o la mujer que sufre de adicción sexual posee un constante deseo de tener relaciones sexuales y no puede parar de pensar en ello. Por ser un comportamiento compulsivo, el adicto falla al intentar parar su recurrente pensamiento y comportamiento sexual. Las actividades sociales, recreacionales, laborales se ven notoriamente afectadas por el comportamiento sexual. La persona podría tornarse ansiosa y hasta violenta si no le es posible mantener relaciones sexuales en el momento que lo desea.

Por razones de conveniencia, las personas infieles se han hecho diagnosticar adictos sexuales con la idea de ser vistos más como enfermos que como personas incapaces de ser moral y emocionalmente leales. Quiero aclarar que existe una gran diferencia entre el adicto que tiene una incapacidad para detener su comportamiento sexual y la persona infiel. La persona infiel es aquella que voluntariamente ha decidido mantener dos o más relaciones amorosas paralelas y que tiene la capacidad de romperlas en cualquier momento pero elige no hacerlo.

Independientemente del tipo de adicción de tu pareja, sea alcohol, drogas, juego, sexo, etc., las consecuencias para la pareja son devastadoras. Cuando pares de tratar de cambiarlo y reencauses tu energía al desarrollo de tus propios intereses experimentarás cierto grado de tranquilidad, sin importar lo que él haga. A la larga quizá descubras que lo que sentías por él ni siquiera era amor.

La conducta del adicto sólo puede ser rehabilitada por el propio adicto a través de su transformación y tratamiento terapéutico. No hay mucho que su pareja pueda hacer para rehabilitarlo.

Cuando el amor se acaba: el desamor es una de los hechos más difíciles de entender y aceptar. Como ya lo expliqué en el capítulo I, hablamos aquí del desamor que ocurre inexplicablemente, de repente, sin razón. Es cuando un buen día ya no sientes nada.

"No sé que pasó pero ya no siento nada. He intentado buscar dentro de mí el amor que siempre sentí pero ya no está. Han sido muchos años y quisiera sentir, pero la verdad es que ya no siento amor. Es muy triste, siento solo un vacío." Estas son las palabras de Karla cuando busca desesperada recuperar en su interior el amor perdido por su esposo.

Una vez que el amor se esfuma, no hay vínculos, la pasión se apaga, es como una hoguera que se extingue. Si la pareja decidiera permanecer junta, la relación sería un cubo de hielo porque las pasiones ya no existen. Luego que el amor se esfuma, la relación comienza a resquebrajarse, muy pronto la pareja tiende a separarse, a menos que decidan permanecer juntos por alguna otra razón de mayor peso que el desamor. Walter Riso al respecto sostiene que cuando el desamor ocurre sale del alma y los huesos, no hay reversa. Para Riso, el desamor sobreviene con tanta o más fuerza que el amor, sin odios, resentimientos o rencores.

> **Contigo descubrí que el amor llega a su fin, que el dolor y el desamor hacen sucumbir la adoración, que la belleza de la pasión se convierte en vacío, que el amor más puro descansa en su final cuando ya no llora más, contigo descubrí que la entrega pierde su sentido cuando no hay dos almas, que ya no quería besar tus labios porque sabían a otros. Gracias por permitirme descubrir que ya no quería amar así...**

¿Cómo seguir adelante después del final?

La etapa de recuperación de una ruptura podría parecer sencilla, pero realmente no lo es. Durante el proceso de duelo los miembros de la pareja sienten dolor, rabia y resentimiento por la pérdida del ser amado. Lo único que puedo garantizar es que, definitivamente, sí es posible salir airoso de este doloroso episodio que podría ser uno de los más difíciles en la vida de cualquier persona.

Aquí les propongo algunas estrategias a las personas que por alguna razón les ha tocado vivir la desgarradora experiencia del abandono o la ruptura de su relación de pareja. Las siguientes estrategias no necesariamente tienen que tomarse en el orden específico en la que aparecen:

Estrategia # 1 Todo quedó atrás: Es tener la conciencia plena de que esa persona quedó atrás. Es sentir que la esperanza para esa relación ya está muerta. Es querer empezar de nuevo. No es sólo creer en que todo terminó, es saberlo, es vivirlo. Si todavía duele, será necesario sufrir el dolor hasta que se sienta cada vez menos. Vivir el duelo, despedirse de lo que fue importante pero ya no lo es. Es tragar la idea que esa persona ya no es parte de tu presente. Es y será siempre parte de tu pasado, nada más. Decir adiós, sin rencores ni reservas te dará la libertad y la tranquilidad para seguir adelante. Agradécele todo lo vivido y dile adiós.

Estrategia# 2 Corta de raíz: Una vez rota la relación, existe una tendencia masoquista a buscar información acerca de la pareja perdida. Mientras más información tengas más prendada seguirás de ese amor. Para una recuperación más rápida, corta todos los contactos con personas que te faciliten información acerca de tu amor perdido o que te recuerden tu vida y tu relación con tu ex. Seguir alimentando los recuerdos de una relación que no volverá, sustenta el sufrimiento por la ausencia de esa persona. Asimismo, estar en contacto con amigos comunes o sus familiares podría estimular tu necesidad de saber más sobre su vida actual. Conocer detalles de la vida de tu ex pareja podría prolongar tu tiempo de duelo y malestar. El centrarte en tus objetivos personales te facilitará vencer la tentación de estar en contacto con su vida a través de otros. Mi recomendación: corta de raíz el contacto con esas personas que posiblemente aprecias, pero que en este momento de tu vida no ayudan a tu proceso de recuperación. Ya tendrás tiempo de regresar a ellas en un futuro cercano.

Estrategia# 3: Paso a paso: Para la gran jornada de volver a empezar no hay apuro. Dar pequeños pasos hacia el camino que deseamos nos asegurará el éxito. No queremos estrellarnos y regresar a donde estábamos. El Dr. Robert Maurer propone su propia manera japonesa de cambiar a la cual denomina "Kaizen", cuya esencia es capturada en la siguiente fase de Lao Tsé: "Una jornada de mil millas debe comenzar con el primer paso". Significa tomar pequeños pasos hacia la meta.

A continuación los invito a realizar un ejercicio sencillo para iniciar tu gran jornada de "Volver a empezar"

¿Qué puedes hacer hoy por 10 minutos para pensar en otra cosa que no sea en tu amor perdido?

_____
_____
_____

Piensa en algo que puedas hacer hoy para sentirte bien con la persona que eres.

¿Qué podrías hacer hoy para sonreír?

_____
_____
_____
_____

Dar pequeños pasos te hará sentir que estás haciendo algo por ti mismo y tu recuperación. Posiblemente por primera vez estás llevando a cabo algo absolutamente en tu beneficio.

Estrategia# 4: Busca Ayuda: No vivas tu dolor y recuperación en aislamiento. Muchas veces tendemos a encerrarnos por vergüenza a compartir los que nos ha pasado. Nos avergüenza el fracaso. Sin embargo, hay inimaginables fuentes de aprendizaje y crecimiento a las cuales puedes recurrir. Podrías buscar el apoyo de un terapeuta u orientador, y hasta grupos de encuentro para personas que estén atravesando tu misma situación. Los grupos de encuentro o terapéuticos tienen excelentes resultados, ya que se comparten las mismas experiencias de éxito y dolor. El apoyo emocional entre los asistentes es un poderoso elemento sanador. Si deseas resguardar tu privacidad, puedes acudir a libros de auto-ayuda, conferencias, charlas. Igualmente, personas con mayor experiencia podrían resultar una fuente de sabiduría. Si estás ansiosa, recomiendo disciplinas que induzcan estados de relajación como el Yoga, la danza terapéutica, la Biodanza, las técnicas de imaginación guiada o de respiración contra el stress, entre otras. Si tiendes a estar deprimida, practica disciplinas diferentes como la caminata diaria, la natación, las artes marciales, etc.

Estrategia # 5 Consiéntete: Regresa a tu esencia. Es hora de complacerte. Si has olvidado cual es tu actividad favorita, recupérala. Siéntete bien con lo que haces. Si hasta ahora no habías identificado un hobby, entonces es hora de hacerlo. Todos tenemos el derecho de invertir tiempo y energía en lo que más nos gusta hacer, en lo que nos hace sonreír, disfrutar. Despliega todo tu bienestar en lo que sientes placer haciendo. Ahora organiza tu tiempo, ya no hay excusas para seguirlo postergando. Tu vida está en tus manos y tienes el control de tus decisiones de ahora en adelante. Disfruta de ti, de la paz interior que tienes la posibilidad cultivar. Disfruta de la intimidad contigo mismo.

Finalmente, la mayoría de nosotros tenemos la capacidad de ser más felices de lo que creemos. Con frecuencia, no buscamos esa felicidad porque creemos que el comportamiento de otras personas nos lo puede impedir. Pasamos por alto la responsabilidad que tenemos con nosotros mismos de crecer emocionalmente y de alcanzar nuestras metas. Una vez que nos otorguemos este regalo estaremos más preparados para construir relaciones de pareja más saludables y duraderas.

CAPÍTULO V

¿CÓMO CONSTRUIR LA FELICIDAD ENTRE DOS?

VIVIR EN EL amor es construir una vida en armonía. Es fluir en el sentimiento de entregar mientras se recibe. Es el compromiso de permanecer para construir. No es la perfección, es la búsqueda constante de balance. Es enseñarse los recovecos del amor, sin forzarse. Así como en *El Amor en los Tiempos de Cólera*, Florentino Ariza, planearía con su enamorada Fermina Daza, la mujer que había amado en secreto por largos años: "Tenía que enseñarle a pensar en el amor como un estado de gracia que no era un medio para nada, sino un origen y un fin en sí mismo".

Lo que propondré en este capítulo no es sólo el resultado de años de investigación y de trabajo con parejas, sino el producto de mis vaivenes como mujer. Tomo en cuenta tanto mis errores como mis aciertos en mi vida marital. Esencialmente dos relaciones, las que marcaron mi experiencia y me hicieron cambiar el rumbo. Una extremadamente difícil y complicada, la otra, imperfecta pero llena de aciertos e incalculables encantos.

Me dispongo a compartir con ustedes las más creativas y exitosas estrategias que se puedan disfrutar en la vida conyugal con el fin de fortalecer los lazos afectivos ya existentes. Idealmente, es un trabajo en equipo, en el cual deben participar ambos miembros de la pareja. En caso de no contar con la colaboración de alguno de los amantes, la estrategia sería que el participante activo implemente las tareas que le sea posible para observar qué cambios podría introducir por sí solo a la relación. Sin embargo, creo que los resultados más alentadores se alcanzan cuando ambos trabajan como equipo para recuperar lo perdido.

Describiré en esta sección tareas prácticas que sugiero sean usadas con la mayor frecuencia posible. Puedes darles tu toque personal o adaptarlas a las características de tu vida en pareja. Siéntete en libertad de hacer combinaciones y/o crear nuevas estrategias a partir de las que a continuación propongo:

Comienza cada encuentro con una sonrisa: he experimentado esta refrescante táctica por algunos años ya. La sonrisa ilumina las mañanas, facilita conversaciones, despierta pasiones. Pudieras acompañar tu sonrisa con una dulce caricia o la suavidad de un beso. No se trata de fingir gestos dulces cuando no se sienten, se trata de nutrir los encuentros con sonrisas llenas de afecto, ternura y entrega. Posiblemente, estas sonrisas no te tomarán más de 5 segundos al día, en la mañana y luego de la jornada laboral. Notarás que tu relación se torna mucho más relajada y armoniosa. Los conflictos serán cada vez menos frecuentes ya que el afecto está ocupando el lugar del malestar.

> **No pierdas el tiempo en llorar lo que no recibes. Tómate el tiempo para disfrutar y celebrar lo que ese amor te concede: los pequeños detalles, los instantes de placer, el calor de un lecho compartido, las noches para dos, los silencios en compañía, su aliento delirante...**

Haz de la amabilidad parte de tu interacción diaria: si la cortesía y la gentileza son parte de los encuentros con la persona que amas, ya habrás encontrado un sólido camino hacia el respeto y la paz. Aún en el desacuerdo más abierto, la amabilidad puede facilitar la solución del conflicto rápidamente. En ausencia de cortesía, los conflictos se engrandecen y se convierten en disputas sangrientas en las que ambos desean ganar a costa de lo que sea. Amabilidad significa usar un tono de voz cortés y respetuoso cuando te diriges a tu pareja. Usar siempre palabras que implican consideración por la opinión del otro, como por ejemplo: "si me permites te quiero expresar mi opinión sobre...", "con todo mi respeto quiero decirte que yo tengo una perspectiva diferente de la situación", "gracias por tu opinión pero yo le agregaría los siguientes elementos:" Por otro lado, en diferentes ambientes en los cuales interactuamos cuidamos nuestros modales con personas que no conocemos. Decimos "gracias", "con su permiso", "disculpa", "¿me permites?". Mi invitación va dirigida a usar los mismos modales con la persona que amas, sin llegar a cargar tu relación de rigidez y formalidad. Tú y tu pareja se lo merecen. Notarás que la sensación de conexión y cercanía se fortalecerá.

Estamos de acuerdo en que estamos en desacuerdo: es imposible estar de acuerdo en todos lo aspectos de la vida. Ni siquiera vale la pena intentarlo si sabemos que hay puntos de vista diferentes. Es importante aceptar que se está en desacuerdo y que eso es parte de la vida y del amor. Dos seres diferentes pueden tener perspectivas diferentes de los hechos y nunca llegar a un consenso, no por eso hay posiciones correctas e incorrectas. No intentes forzar testarudamente el acuerdo si observas que no lo hay. Si lo haces podría surgir una polémica innecesaria lo que convertiría situaciones muy inofensivas en serios conflictos: "Yo tengo la razón y tu estás equivocado", "Es que no ves la realidad de las cosas".

Por otro lado, existe la posibilidad de manejar desacuerdos con la cortesía y amabilidad necesaria: "Puedo entender tu posición pero yo lo veo desde otro punto de vista"; "Creo que aunque lo que dices podría tener sentido, tengo una perspectiva diferente de lo que pasó".

¡Recuerda que el amor bonito se crece en las diferencias!

Cultiva el arte de escuchar: la sabiduría de aprender a escuchar con amor es una de las más poderosas experiencias de la comunicación. Escuchar con amor nos permitirá disfrutar sin reservas de nuestras conversaciones, acuerdos y desacuerdos. El arte de escuchar con amor implica ponerse en los zapatos de tu pareja para entender mejor lo que trata de expresar. Cuando escuchas con amor estás dispuesto a hacer silencio mientras tu pareja expresa sus ideas, a establecer contacto visual, a ser amable y gentil con tu amado y esencialmente a no juzgar como correctos o incorrectos sus aseveraciones. Dr. Wayne Dyer asevera que "la gente necesita estar en lo correcto, si tú puedes sacar eso de tu vida, te ahorrarás mucho sufrimiento".

Por otro lado, debemos estar consciente de que las palabras son como cuchillos en el pecho, hieren mortalmente. Las palabras una vez dichas, no hay forma de recogerlas. Aprender a contenerlas cuando la rabia o el dolor te hacen perder la racionalidad es un arte. No las uses si no estás seguro que estás bajo control y que van a salir con el amor y con el cuidado necesario para no herir a tu amado. Como bien lo dice el Dr. Bernie Siegel: "Las palabras son tan capaces de matar como de sanar".

El poder de un "lo siento": como he mencionado anteriormente, aún la relación más armoniosa no es perfecta. En toda relación, los conflictos necesitan ser resueltos. Muchos olvidamos, cuando hemos herido al ser amado, la importancia de un oportuno "lo siento". Herimos cuando hemos actuado impulsados por el dolor o la rabia. Un "lo siento" pronunciado con sinceridad pueden cambiar el curso de cualquier conflicto y generar acercamiento. Tocar los sentimientos de tu amado con claro arrepentimiento es una muestra de que su amor y bienestar te importan. No es conveniente abusar de esta estrategia, pues si mucho se dice, poco se cree. El abuso de esta estrategia conduce a la pérdida de su efecto. Se corre el peligro de jugar cíclicamente a ofender-disculpar, hasta convertirse en un "lo siento" prácticamente mecanizado, cuyo único objetivo es continuar con el enfermizo ciclo abusador.

Comparte con amigos comunes: Tener amigos en común nos da la oportunidad de disfrutar juntos actividades socio-afectivas. De esta forma, habrá más asuntos que compartir, más temas que conversar. Se crearán más lazos entre la pareja y se fortalecerá la conexión emocional. Sugiero que los amigos y familiares compartan el mismo valor por la conservación del amor y el matrimonio, de tal manera que se erija un sentido de apoyo y solidaridad. Conversar y bromear sobre las experiencias exitosas o no, que cada uno haya tenido en su relación puede resultar alentador y vigorizante. Recuerden que divertirse y reírse juntos es una de las claves para el éxito de toda pareja. Los amigos te ofrecen una oportunidad sin igual para la diversión y el entretenimiento, no la desaproveches.

Cultiva tu propio ser: Vivir en pareja no significa olvidarse de que existes como ser humano independiente. Amar no es fusionarse con la persona amada y desaparecer. Amar es crecer juntos, andar el mismo camino tomados de la mano pero con una marcha libre e independiente. En la medida en que nutras tu ser interior estarás más preparado para amar en libertad. Es invertir tiempo en nosotros, en lo que somos, en nuestra existencia. Estar en calma, en paz con nosotros mismos nos permite estar en sintonía con armonía con los demás. Amar no significa sacrificar nuestras metas personales en razón de la relación. No significa anularnos para convertirnos en una sombra del otro. Por el contrario, mientras más en contacto estemos con nosotros, mayor capacidad tendremos de amar libremente.

Eric Fromm nos regaló las siguientes palabras, "Solo la persona que tiene fe en sí misma es capaz de ser fiel a otros".

Usa el lenguaje de amor de tu pareja: Muchos tendemos a expresar nuestro amor en la manera que quisiéramos que nos amaran a nosotros. Si nos gusta que nos escriban cartas de amor, tendemos a escribir cartas a nuestro compañero. Si nos agrada que nos protejan, tendemos a proteger al amado.

¿Has pensado en algún momento como le gustaría a tu pareja que le expresaras tu amor? ¿Le gusta que le expreses tu amor a través de tus atenciones?, ¿a través de palabras de apoyo y afecto? ¿Será que desea compartir más tiempo contigo? ¿O es que desea que le expreses tu amor con regalos? ¿O posiblemente con contacto físico?

El norteamericano Gary Chapman propone cinco lenguajes para expresar el amor a tu pareja: tiempo de calidad, palabras de afirmación, regalos, actos de servicio y contacto físico.

Cuando dos personas hablan diferentes lenguajes no son capaces de entenderse. Si aprendemos el lenguaje de amor que nuestra pareja desea hablar a la vez que le mostramos la manera en que deseamos ser amados la armonía llenará los rincones de nuestro hogar. Es muy probable que el lenguaje de tu pareja no sea el mismo lenguaje que el tuyo, no tiene porque serlo. Ambos deben abrirse a la posibilidad de aprender el lenguaje del ser amado de lo contrario, sentir el amor será cuesta arriba, aún siendo este indudablemente auténtico.

No dejes que los hijos entorpezcan tu intimidad de pareja: Diego y Francisca llegaron a mi consulta atormentados por las deudas económicas y por la llegada de su último hijo, aún de 1 año de nacido. Reportaban que no existía ni un segundo del día para ellos como pareja. Sus 3 hijos, de 5, 3, y de 1 año requerían de todo su tiempo. Llegada la noche, el cansancio era extenuante, el deseo de estar juntos se había esfumado. Los hijos habían llegado a ocupar el centro de sus vidas y sentían que su amor estaba muriendo. Diego y Francisca luchaban desesperados por salvar su relación.

No niego que los hijos son parte muy importante de la familia, pero no forman parte del espacio íntimo de la pareja. Lamentablemente, somos los adultos los que perdemos de vista los límites y creamos confusión entre el sistema de pareja y el sistema familiar. La pareja debe resguardar su privacidad, su espacio y su tiempo en aras de conservar su armonía. La pareja tendrá que aprender a buscar tiempo para los hijos y tiempo para su intimidad. No puede sacrificarse uno en función del otro. Recibimos los hijos con la convicción de que vendrán a fortalecer nuestra relación. Si no sabemos manejar los límites y perdemos de vista a la pareja, los hijos son un gran peligro para su estabilidad y armonía.

Diego y Francisca hoy gozan de una hermosa relación matrimonial junto a sus tres hijos ya casi adolescentes.

No corrijas a tu pareja en público: recuerdo estar en un restaurante muy concurrido de la ciudad de Nueva York, en una de mis reuniones de trabajo cuando en una mesa contigua a la nuestra noté a un grupo de personas en una conversación muy animada. Un caballero narraba una historia sobre sus actividades de fin de semana. Todos parecían estar entretenidos y atentos mientras él relataba su aventura. Trataré de reproducir a continuación la conversación: "Recorrimos a pie alrededor de 5 horas hasta llegar a la cabaña", su pareja le interrumpe y dice "No, no exageres, fueron apenas 2 horas". El caballero siguió narrando y comentó "A mitad del camino nos encontramos cientos de aves marinas, de un color espectacular", su pareja nuevamente interrumpe y dice, "Bueno, fueron sólo alrededor de 20 o 30 aves en el camino". De repente, el rostro del hombre se tornó de color rojo intenso y sin palabra alguna, se levantó y salió del salón. Obviamente, desconozco con exactitud el final de la historia pero puedo imaginármela. Entonces algunas preguntas vienen a mi mente, ¿Eran estas correcciones necesarias? ¿Tenían estas observaciones alguna importancia para el curso de la historia y para el disfrute de los presentes? ¿Qué pasaba en esa relación de pareja que tuvo lugar tan incómoda situación en público?

Corregir tu pareja frente a otros es una forma de mostrar el poder y el control que ejerces sobre su persona. Muchas veces, no nos damos cuenta del malestar que causamos y de las heridas que abrimos al hacerlo. El censurar con frecuencia a la persona amada podría sólo ser un síntoma del real problema. Considero que cuando censuras con frecuencia deseas ejercer todo tu poder sobre la otra persona. Una vez que disminuyas tu necesidad de control sobre el otro cesará tu tendencia a corregirlo, esto influirá positivamente en tu relación de pareja.

Dile las cosas que te enamoran: Gastamos gran parte de nuestro tiempo cuestionando el comportamiento de quien amamos. Perseguimos y criticamos al otro con la ilusa intención de querer cambiarlo a nuestro gusto. La crítica causa tensión, desarmonía, stress. No permite la convivencia en libertad. ¿Por qué no invertir un poco de ese tiempo en expresarle a nuestro amado todas aquellas cosas que nos enamoran de el? Esta estrategia no requiere de grandes planes ni preparaciones previas. Tampoco requiere de tiempo extra. Necesita, sin embargo, de un poco de esfuerzo en no sólo notar las características positivas de tu compañero, sino en elogiárselas abiertamente.

Luego de un tiempo practicando el elogio, la relación tomará un aire relajado armonioso al cual no estabas acostumbrado. No se trata de fingir y decir lo que no sientes, ni de elogiar para complacer o para intentar una reconciliación. Tu pareja se olerá de alguna forma la mentira y los resultados serán catastróficos. Elogia con autenticidad, desde el aprecio y el amor que sientes por tu pareja.

Sácale provecho al deseo: Es inconcebible un amor sin deseo. La pasión le impregna la energía y las ganas al amor. El deseo no es sólo sexo, es añorar el cuerpo y el aliento del otro, es antojarse de su compañía. Sin la fuerza del deseo la relación tarde o temprano termina porque la relación se torna aburrida, sin química. Sacarle provecho al deseo es dejarse fluir en la atracción y disfrutar intensamente de los cuerpos. Es mantener la hoguera encendida sin que perder el control de las emociones. Me refiero aquí a que aprendas a disfrutar del olor de tu amado en cada rincón de su cuerpo, de su aliento, de la textura de su piel. Aprender a hacerlo con una entrega completa, visceral, hormonal. Walter Riso propone que rescatar el lenguaje natural del amor no es involucionar hacia lo salvaje, ni reducir el afecto a la expresión corporal, sino recuperar parte de aquellas raíces profundas para comunicarnos más allá de lo manifiesto.

Propongo entonces, sentirnos libres de expresar nuestro amor y deseo con cualquiera de los comportamientos que nos hagan sentir auténticos: risas, olfateos, expresiones faciales, lamer, arañar, suspirar, ronronear, mirar a los ojos, etc. El sexo puede llevarnos al cielo o al mismo infierno. El placer de una entrega amorosa con cuerpos y mentes en libertad, sin prejuicios, sin miedos, ni ataduras al pasado, hacen del sexo un placer indescriptible. Por otro lado, una mente temerosa, ansiosa, embarrada en tabúes, o simplemente marcada por traumas hacen del cuerpo un cúmulo de músculos que reaccionan con tensión ante el regocijo y el deleite del amor en la cama. Cuando el sexo no funciona la distancia crece en los amantes, el amor se debilita. La belleza de un orgasmo compartido donde las miradas se juntan para adorarse es el resultado de dos cuerpos en libertad, donde la sinceridad, la honestidad y el respeto acompañan a la sexualidad a lo largo del camino.

Cuando el amor se cultiva, la sexualidad lo escolta para crecer y nutrirse mutuamente. Mantener la hoguera del amor y la sexualidad encendida es una labor de todos los días, faena de dos. La sexualidad es usar todo nuestro erotismo con picardía, ternura, calidez, locura, delirio.

La vida en un beso: La humedad de unos labios entreabiertos buscando el encuentro perfecto, el temblor sutil de la lengua que habla sin palabras, miradas que ven más allá del cuerpo y que se pierden en el placer de unos ojos. El beso intenso, impúdico, lujurioso como expresión de amor y no como preámbulo sexual debe ser rescatado de las sombras del olvido. Cuando aseguramos la estabilidad de nuestra relación amorosa, damos por sentado que el afecto permanecerá vivo, sólo con el hecho de nuestra presencia. ¡Nada más erróneo! Echamos a la basura las caricias matutinas, los tiernos besos, los roces de cuerpos que erizan la piel. Nos inhibimos de disfrutar de lo más hermoso que nos brinda el amor: la piel, la caricia, el beso. En su lugar permitimos que surja la rutina, la costumbre y el aburrimiento. Otros sólo recurren al beso como mecanismo de pre-calentamiento sexual, ¡si es que eres afortunada! El beso queda reducido a la alcoba, la cama y al periodo pre-coital. Su único objetivo: calentamiento. El beso sin propósito sexual acaricia cualquier parte del cuerpo y hacer vibrar las fibras más profundas del ser, manteniendo así el amor encendido, vivo y añorante de la compañía del ser amado. Rescatemos el beso como expresión de amor profunda que puede permanecer en el tiempo para nutrir los intercambios amorosos de la pareja.

No te lo tomes muy en serio: Una de las mejores tácticas para disminuir los enfrentamientos en una relación de amor es no tomarse en serio los problemas menores. Es reírse de los desacuerdos, es hacer chistes de las discusiones, es terminar en carcajadas después de pequeñas fricciones, nada puede ser tan importante como para arruinar la armonía y la alegría de la pareja. Este es el secreto de muchas parejas que han logrado sobrevivir los sinsabores del stress. Incluyendo a la pareja presidencial de los Estados Unidos: después de 19 años de matrimonio, la Sra. Obama asegura que su secreto para el éxito es reírse juntos y no tomarse las cosas muy en serio.

Esta estrategia asegura la armonía, la alegría, el regocijo en el hogar. Aún en momentos de tensión alguno de los dos miembros de la pareja puede introducir un chiste o una sonrisa y romper armoniosamente la tensión que estaba manteniendo el conflicto. Muchas veces el problema no es más que la falta de una sonrisa. Si sonreímos con frecuencia también tendremos hijos felices, expresivos, seguros de sí mismos, libres de mostrarle al mundo todo su potencial.

El amor es como una cuenta en el banco

Por un momento imagina que el amor es como tu cuenta del banco, si sacas y sacas dinero y no depositas la cuenta terminará vacía y tú terminarás quebrado. Tu cuenta en el banco necesita inversión, si le sacas dinero debes asegurar que siempre tengas un buen balance ¿Qué hacer día a día para que nuestra cuenta crezca y no terminemos quebrados? Lo mismo sucede con nuestro amor, ese amor que necesitamos nutrir, al que necesitamos depositarle para hacerlo crecer. Depositarle pequeños detalles cada día para evitar la muerte del amor.

La Sanación de tus heridas emocionales no se detiene. Reflexiones finales

Cada uno de nosotros debe aprender a lamer sus propias heridas para acelerar su sanación emocional. Nadie puede sanarlas por nosotros. Nadie llega a nuestras vidas para curarlas, ni está en capacidad de hacerlo. Somos nosotros los responsables de hacerlo y de buscar respuestas ya que somos los protagonistas de nuestras historias de vida. Ni la pareja llega para sanarnos ni mucho menos es un pañuelo de lágrimas. Tampoco es un envase para depositar nuestra porquería. Nuestra gran tarea es prepararnos para amar en libertad, la libertad que nos da el conocimiento de nuestras heridas y de nuestra historia personal. La libertad que nos da el poder de saber que ya nuestro pasado no nos controla. La libertad de saber que escogemos pareja porque queremos compartir nuestra felicidad con ella y no porque no podemos vivir sin ella.

Comienzas a sentirte restablecida cuando ya no sucumbes ante la desesperada necesidad de aprobación. Ya no escondes lo que realmente eres para sentirte aceptada. Paras de ocultar tu cuerpo por temor al desprecio. Se terminó el esfuerzo infinito por complacer al otro. Se acabaron los días en los cuales implorabas sexo porque era lo más cerca del amor que podías recibir. Tu cuerpo no tiembla de pánico al pensar en la mentira de anoche. Ya puedes mirarte en sus ojos, y puedes tocar su alma...

¿Y cómo sucede este proceso de sanación emocional?

Durante la etapa en la cual estamos sumergidos en una relación de sufrimiento o de abuso, emergen momentos que nos hacen reflexionar y buscar respuestas a lo que nos está sucediendo. Muchas veces no tenemos respuestas inmediatas, algunas vienen en su momento justo. Con la intención de salvar un amor insalvable, sucumbimos a un ciclo de conductas que nos hacen sufrir aún más. No te detengas, continua buscando tus propias respuestas.

En mi propia sanación, que hasta hoy continua, invertí muchos años en diferentes disciplinas y actividades que fueron dándome variadas respuestas y experiencias. Me dediqué a mi crecimiento emocional. Me di a la tarea de asistir a talleres de crecimiento personal. Los libros fueron mis compañeros nocturnos. Para aprender a entender mi cuerpo practiqué disciplinas corporales, como la danza o psico-danza. Aprendí a respetar mi cuerpo con comidas saludables y ejercicios diarios. Me caí y me levanté, me equivoqué y aprendí de los golpes, lloré y cada lágrima me dibujaba una respuesta. ¡Hoy, al lado del ser que amo, cada sonrisa me recuerda que hay esperanza y que el amor imperfecto . . . puro y bonito existe!

Me atreví a soñar que una mañana llegarías a mí, suave, diferente, quieto . . . Me atreví a soñar que nos amaríamos limpio, honesto. Cuando todo parecía derrumbarse a mi alrededor me atreví a soñar en una vida contigo aún sin conocer la música de tu nombre. En los días en que el sufrimiento nublaba el sol me atreví a soñar con el brillo de tus ojos aún sin haber visto tu rostro . . . te esperaba, ¡gracias por venir a mi encuentro!

CPSIA information can be obtained at www.ICGtesting.com
Printed in the USA
237043LV00001B/3/P

WITHDRAWN

28.95   8/4/11

LONGWOOD PUBLIC LIBRARY
800 Middle Country Road
Middle Island, NY 11953
(631) 924-6400
mylpl.net

LIBRARY HOURS

Monday-Friday	9:30 a.m. - 9:00 p.m.
Saturday	9:30 a.m. - 5:00 p.m.
Sunday (Sept-June)	1:00 p.m. - 5:00 p.m.